U0597514

中华文化风采录

历来古景风采

坚固的城墙

陈 璞 编著

北方妇女儿童出版社
·长春·

图书在版编目（CIP）数据

坚固的城墙 / 陈璞编著. —长春 : 北方妇女儿童出版社，2017.1（2022.8重印）
（历来古景风采）
ISBN 978-7-5585-0663-5

Ⅰ．①坚… Ⅱ．①陈… Ⅲ．①城墙－介绍－中国 Ⅳ．①K928.77

中国版本图书馆CIP数据核字（2016）第311442号

坚固的城墙
JIANGU DE CHENGQIANG

出 版 人	师晓晖	
责任编辑	吴　桐	
开　　本	700mm×1000mm　1/16	
印　　张	6	
字　　数	85千字	
版　　次	2017年1月第1版	
印　　次	2022年8月第3次印刷	
印　　刷	永清县晔盛亚胶印有限公司	
出　　版	北方妇女儿童出版社	
发　　行	北方妇女儿童出版社	
地　　址	长春市福祉大路5788号	
电　　话	总编办：0431-81629600	

定　　价　36.00元

习近平总书记说："提高国家文化软实力，要努力展示中华文化独特魅力。在5000多年文明发展进程中，中华民族创造了博大精深的灿烂文化，要使中华民族最基本的文化基因与当代文化相适应、与现代社会相协调，以人们喜闻乐见、具有广泛参与性的方式推广开来，把跨越时空、超越国度、富有永恒魅力、具有当代价值的文化精神弘扬起来，把继承传统优秀文化又弘扬时代精神、立足本国又面向世界的当代中国文化创新成果传播出去。"

为此，党和政府十分重视优秀的先进的文化建设，特别是随着经济的腾飞，提出了中华文化伟大复兴的号召。当然，要实现中华文化伟大复兴，首先要站在传统文化前沿，薪火相传，一脉相承，弘扬和发展5000多年来优秀的、光明的、先进的、科学的、文明的和自豪的文化，融合古今中外一切文化精华，构建具有中国特色的现代民族文化，向世界和未来展示中华民族具有独特魅力的文化风采。

中华文化就是中华民族及其祖先所创造的、为中华民族世世代代所继承发展的、具有鲜明民族特色而内涵博大精深的优良传统文化，历史十分悠久，流传非常广泛，在世界上拥有巨大的影响力，是世界上唯一绵延不绝而从没中断的古老文化，并始终充满了生机与活力。

浩浩历史长河，熊熊文明薪火，中华文化源远流长，滚滚黄河、滔滔长江是最直接的源头，这两大文化浪涛经过千百年冲刷洗礼和不断交流、融合以及沉淀，最终形成了求同存异、兼收并蓄的辉煌灿烂的中华文明。

中华文化曾是东方文化的摇篮，也是推动整个世界始终发展的动力。早在500年前，中华文化催生了欧洲文艺复兴运动和地理大发现。在200年前，中华文化推动了欧洲启蒙运动和现代思想。中国四大发明先后传到西方，对于促进西方工业社会形成和发展曾起到了重要作用。中国文化最具博大性和包容性，所以世界各国都已经掀起中国文化热。

中华文化的力量，已经深深熔铸到我们的生命力、创造力和凝聚力中，是我们民族的基因。中华民族的精神，也已深深根植于绵延数千年的优秀文化传统之中，是我们的精神家园。但是，当我们为中华文化而自豪时，也要正视其在近代衰微的历史。相对于5000年的灿烂文化来说，这仅仅是短暂的低潮，是喷薄前的力量积聚。

中国文化博大精深，是中华各族人民5000多年来创造、传承下来的物质文明和精神文明的总和，其内容包罗万象，浩若星汉，具有很强的文化纵深感，蕴含丰富的宝藏。传承和弘扬优秀民族文化传统，保护民族文化遗产，已经受到社会各界重视。这不但对中华民族复兴大业具有深远意义，而且对人类文化多样性保护也有重要贡献。

特别是我国经过伟大的改革开放，已经开始崛起与复兴。但文化是立国之根，大国崛起最终体现在文化的繁荣发展上。特别是当今我国走大国和平崛起之路的过程，必然也是我国文化实现伟大复兴的过程。随着中国文化的软实力增强，能够有力加快我们融入世界的步伐，推动我们为人类进步做出更大贡献。

为此，在有关部门和专家指导下，我们搜集、整理了大量古今资料和最新研究成果，特别编撰了本套图书。主要包括传统建筑艺术、千秋圣殿奇观、历来古景风采、古老历史遗产、昔日瑰宝工艺、绝美自然风景、丰富民俗文化、美好生活品质、国粹书画魅力、浩瀚经典宝库等，充分显示了中华民族厚重的文化底蕴和强大的民族凝聚力，具有极强的系统性、广博性和规模性。

本套图书全景展现，包罗万象；故事讲述，语言通俗；图文并茂，形象直观；古风古雅，格调温馨，具有很强的可读性、欣赏性和知识性，能够让广大读者全面触摸和感受中国文化的内涵与魅力，增强民族自尊心和文化自豪感，并能很好地继承和弘扬中国文化，创造未来中国特色的先进民族文化，引领中华民族走向伟大复兴，在未来世界的舞台上，在中华复兴的绚丽之梦里，展现出龙飞凤舞的独特魅力。

固若金汤——明清城墙

攻防兼备——天下城门

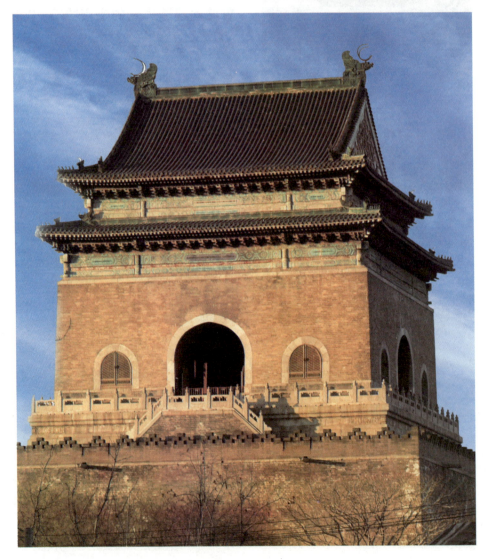

城墙是我国古代城市的传统防御设施，是由墙体和其他辅助军事设施构成的军事防线。明城墙是明代初年在明太祖朱元璋采纳学士朱升"高筑墙、广积粮、缓称王"的建议指导下建成的。

城墙完全围绕"防御"战略体系建造，包括护城河、吊桥、闸楼、箭楼、正楼、角楼、敌楼、女儿墙、垛口等一系列军事设施，城墙的厚度大于高度，墙顶可以跑车、操练，非常坚固。

明清城墙比较著名且保存完整的有江苏南京古城墙、陕西西安古城墙、湖北荆州古城墙和辽宁兴城古城墙等处。

固若金汤

明清城墙

集城池建造大全的南京城墙

在春秋战国时期，南京属吴国，相传公元前495年，吴王夫差在此建立冶铁作坊，铸造兵器，取名冶城。

公元前472年，越王勾践灭吴之后，企图进一步吞并楚国，他看中了位于现在南京中华门的长干里一带，遂召见他的谋士范蠡监理建城，定名"越城"，又叫"范蠡城"。

当时的"越城"很小，城周长只有约1千米，占地面积也只有60000多平方米，称作"越台"，这是南京有军事城堡的最早记载。

公元前333年，楚威王灭越，又在南京清凉山筑城，称为"金陵邑"，这时

南京城墙

的南京也被人称为"金陵"或者"石头城"。

211年，孙权将其统治中心从镇江迁至秣陵，并改秣陵为建业。第二年，在清凉山麓金陵邑的旧址上兴建石头城，作为江防要塞，从这时开始，石头城一直是南京的代称之一。

229年，孙权在武昌称帝，同年迁都建业，这是南京历史上第一次成为封建王朝的都城。其后，继东吴在南京建都的有东晋、宋、齐、梁、陈，史称六朝，时达300多年。

六朝的建康都城大体依东吴旧制。南京以前唯有土墙篱门，480年改立砖墙。全城分为南北两个部分，北部置宫城，南部置中央和地方各级衙署。宫城以北为皇家苑囿，居民则大多住在南城以外，以秦淮河和青溪两岸最为稠密。

元代末年，朱元璋要大展宏图，就必须要有稳定的根据地，这样当时叫作"集庆"的南京城就进入了他的视线。

谋士 指设谋献计的人。古时的谋士相当一部分"学而优"却不能"仕"的读书人，常以"门客""军师""幕僚"等身份，为自己的"主人""主公"出谋划策，排忧解难，有时甚至会以死相报。

孙权（182－252），字仲谋，吴郡富春人，三国时代东吴的建立者。孙权称帝后，设置农官，实行屯田，平定山越，设置郡县，促进了江南经济的发展。庙号太祖，谥号大皇帝。

■ 明南京故宫古城墙

坚固的城墙

宰相　我国古代最高行政长官的通称。"宰"的意思是主宰，商朝时为管理家务和奴隶之官，周朝有执掌国政的太宰，也有掌贵族家务的家宰、掌管一邑的邑宰，实已为官的通称。相，本为相礼之人，字义有辅佐之意。

1356年，朱元璋攻占集庆，并改名应天府，自称吴国公，同时采用"高筑墙"的政策建造坚固的城池，稳固应天府的根据地。

自1360年至元灭亡期间，朱元璋在政治、军事等各方面开始占绝对优势。在此背景下，为建立新王朝、登基皇位，朱元璋在应天府城池的基础上重新设计规划，并于1366年开始大规模建造城池。南京明城墙600多年的风雨历史由此开始。

明代对南京城墙的修建分为宫城、皇城、京城和外郭几大板块。宫城，俗称紫禁城，为都城核心，偏于南京京城的东隅，有御河环绕。

1366年，朱元璋下令兴建应天府宫城，经宰相刘伯温勘测，宫城位置适合建在钟山"龙头"之前，因为此处有"帝王之气"，这一带正是南北朝梁武帝长子萧统去世所埋的燕雀湖所在地，于是，朱元璋便下令填湖来做宫城的地基。

朱元璋调集几十万民工填湖，由于湖广势低，填湖工程十分浩大，需要大量的土石，所以在南京的民间有"迁三山填燕雀"的传说。

据传，当年由于湖水盈满，填湖工程进展缓慢，朱元璋很焦急，多次来湖边微服访察，后采用了一个名为"田得满"的老农"移三山，填燕雀"的计策，才填平了燕雀湖。

燕雀湖大部分被填平后，为了避免地基下沉，朱元璋又命人在城墙下部铺垫巨石，在宫殿下面打木桩，并铺砌砖石结构的大型下水道以稳固地基。尽管如此，到了朱元璋晚年的时候，宫城还是出现了地基下沉的现象。

在当时，帝王宫城建设，一般是就南低北高的地

005

固若金汤

明清城墙

■ 南京城墙

南京城墙石头城

势而建，取意为步步高升，一代更比一代强，江山可以万代相传。

明宫城下沉后，呈南高北低态势，依阴阳家之言，这是绝后和丧败亡国的征兆。这令朱元璋追悔莫及，但此时他已经年老力衰，虽有迁都的愿望，却已力不从心了，只好在一篇《祀灶文》中哀叹说：

兴废有命，唯有听天。

南京宫城建成后，南北长达2.5千米，东西宽达2千米，平面呈长方形，坐北朝南，分前朝三大殿和后庭六宫两部分。在宫城城墙上开筑城门有午门、左掖门、右掖门、东华门、西华门和玄武门。

皇城是护卫宫城的最近的一道城墙。城墙上开筑城门有洪武门、长安左门、长安右门、东安门、西安门和北安门。

皇城的外围，还筑有一道都城的城墙以加强防卫。这部分都城的东南角，在通济门附近与宋元时期的旧金陵城相接。

皇城兴修完毕后，朱元璋就着手向北拓宽都城。但是，在开始时他还拿不定主意，究竟是沿着玄武湖南岸的覆舟山和鸡笼山麓的六朝建康城北墙向西筑，还是沿着玄武湖的西岸向北筑。

起先，他是倾向于利用建康城北墙向西延伸到鼓楼和清凉山一带的。鸡鸣寺后俗称为六朝"台城"的一段城墙，已在明代进行过加固和改筑，并在鸡笼山的北麓中断。如果按照这一方案，明初的都城就只有留下来的三分之二大小。

朱元璋后来废弃了这一方案，而沿湖向北筑城，这可能是更多地考虑了巩固江防的需要。

但是，这个方案的工程量很大，沿线都是山冈丘陵地带和人烟稀少的地方。于是，建造者先通过秦淮河的入江孔道，将建筑材料从水路运到汉西门和龙江关一带，再分段建筑，并且充分利用了沿线的黄土丘陵，以增加城墙的高度。

■ 东水关遗址

■ 南京城墙和平门

仙鹤 寓意延年益寿。在古代是一鸟之下，万鸟之上，仅次于凤凰。明清一品官吏的官服编织的图案就是"仙鹤"。同时鹤为仙风道骨，为羽族之长，自古被称为"一品鸟"，寓意第一。仙鹤代表长寿、富贵。传说它享有几千年的寿命。仙鹤独立，翘首远望，姿态优美，色彩不艳不娇，高雅大方。

最后分别自神策门向南，自鸡鸣寺后向北筑"后湖城"，充分利用了六朝时的"十里长堤"，从而完成了应天府城的全部工程。

这座作为明代初年都城之用的应天府城，是明代最大的一座城池。即使与同一时期普天下范围内的大城相比，也是首屈一指的。

传说，朱元璋建筑好应天府城以后，就带着他的儿子们登上钟山观察都城的形势。他们发现宫城离钟山太近，如在山上架炮，皇宫很容易被击中，而且还有一些其他重要制高点，也对城防非常不利。于是，朱元璋又于1390年下令建造外郭城。

这座外郭城主要是利用应天府城外围的黄土丘陵筑成，只在一些防守薄弱地段加砌一部分城墙并开设城门16座，所以俗称"土城头"。周长实际上有60千米左右，各段砖筑的部分加起来计20千米。

外郭呈菱形，最北城门为观音门，最东为麒麟门，最南为夹岗门，西边的外郭城墙未合围，留下南北两豁口分别延伸至长江边。

从东郊的麒麟门起，向北经过仙鹤门、姚坊门、观音门、佛宁门、上元门，直到江边的外金川门。从麒麟门往南，经过沧波门、高桥门、上方门、夹岗门、凤台门、大小安德门、大小驯象门、江东门和栅栏门，也止于江边，其中外金川门和栅栏门是明代晚期所开的。这就是一般所说的南京有"外城门十八"。

明代南京城墙经历600多年的历史沧桑，仍旧昂然屹立，忠诚地守护着这座城市。它不仅是我国古都中保护最为完好的古代城墙，也是世界上保存下来的最大的一座古代城墙。

有人形容南京明城墙是"人穷其谋、地尽其险、

■ 南京城墙神策门

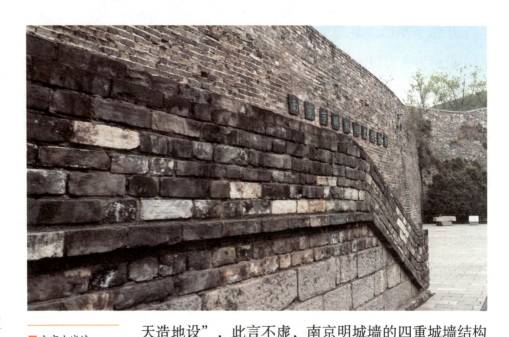

坚固的城墙

■ 南京古城墙

冷兵器 发展经历了石器时代、青铜时代和铁器时代三个阶段。冷兵器按材质分为石、骨、青铜等兵器，按用途分为进攻性兵器和防护装具，进攻性兵器又可分为格斗、远射和卫体3类，按作战方式分为步战兵器、车战兵器、和攻守城器械等，按结构形制分为短兵器和长兵器等。

天造地设"，此言不虚，南京明城墙的四重城墙结构在世上独一无二，不仅如此，其城门和墙体的建造、防水排水与护城河的设计也显示了非同一般的智慧。

城门是衔接城市内外的交通要道和观瞻之所在，也是古代城墙攻防战中的焦点。为此，朱元璋等人在南京京城城门营建中，煞费苦心地数次对城门进行修葺、增筑改制，以壮其势、瞻其观。

明初建城时，南京城共开城门13座，包括正阳门、通济门、聚宝门、三山门、石城门、清江门、定淮门、仪凤门、钟阜门、金川门、神策门、太平门和朝阳门。每座城门均有相当规模的城楼，并有数道木城门和千斤闸。

门址位置依据城墙形制不求对称，依门设有瓮城。瓮城，是古代城池中依附于城门外的附属建筑。瓮城是我国古代冷兵器时代长期战争实践的产物，是我国古代城墙建造工程的一大发展，也是护卫城门建筑形式中一种成熟的建筑设施。造型多数为半圆形，少数呈矩形、方形等。外瓮城城门取向不一，形成相对独立的护卫城门的设施。

南京城墙的内瓮城，一反我国传统瓮城建造的旧制，将前人把瓮城设置在城门内的设想，大胆用于实践，并有了很大的发展和创新。因此，内瓮城的形制，为明初南京城墙首创。

由于内瓮城设置在城门的里边，就有条件设置瓮洞，即藏兵洞，将城门守御这一明显的薄弱部位，变成防御作战中的强点，这是外瓮城所无法做到的。

南京城墙城门的顺序是：

三山聚宝临通济，正阳朝阳定太平，
神策金川近钟阜，仪凤定淮清石城。

三山门、聚宝门和通济门，均为内瓮城，规模与气势均超过其他诸门，尤以聚宝门内瓮城为最。仅藏兵洞就达27个，第一道城门左、

南京明城墙

坚固的城墙

■ 南京城墙中华东门

三法司 明清两代以刑部、都察院、大理寺为三法司，遇有重大案件，由三法司会审，亦称"三司会审"。明代刑部替代了大理寺掌管主要的审判业务。大理寺成为慎刑机关，主要管理对冤案、错案的驳正、平反。都察院不仅可以对审判机关进行监督，还拥有"大事奏裁、小事立断"的权力。

右各3个，城门上的楼基中设7个，均坐南朝北，以城基中洞为最大，面积达310平方米。

东西疆下面各设坐西向东和坐东向西的藏兵洞7个。这些藏兵洞平时用作储藏守城器械和军用物资，战时藏兵，可藏兵3000余人。

通济门的内瓮城，也非常壮观，特别是呈船形的通济门内瓮城，在增强城门防御能力的同时，又融入了强烈的艺术性和思想性，反映了当时人们的审美情趣和某种愿望。

正阳门、朝阳门和太平门，分别位于环绕皇宫的南、东、北三面京城城墙上。其中，正阳门为皇宫南北中轴线的最南端，是外国使臣赴京朝觐入城必经之正门，而太平门外玄武湖之滨，则为1384年朱元璋设置的主宰刑杀大权"三法司"之所在。

神策门，是当前所知的南京城墙唯一的传统形制的外瓮城。有趣的是神策门外瓮城与聚宝门内瓮城几乎在城市同一条南北中轴线上，这一南一北，一大一小，一内一外的不同形制的瓮城，这也是明南京城墙建造中继承与创新的例证之一。

金川门、钟阜门、仪凤门和定淮门四门，位于南京城墙的西北角，濒临长江，是抵御江北进犯南京城的重要门户。

1402年，燕王朱棣率"靖难之师"渡江南下，如果不是李景隆、谷王在城内策应，打开金川门迎燕师入京，恐怕朱棣当时也难以顺利进城并很快登基称帝。

清江门、石城门均置内瓮城单座。

坚固而形制各异的城门，是南京城墙绚丽多彩的一章，也是当年建造者设计思想的生动体现。城门的设计与建造，在充分满足城门防御能力的前提下，极力追求城门建造艺术上与恢宏雄伟、形制独特的南京城墙主体协调，达到浑然一体、相映成趣的效果。

城墙最本质的原生价值之一，在于具备冷兵器时代的军事防御功能。城墙最初由土垒、土石混筑、砖石砌筑其表皮，发展到南京明城

明代南京城墙

坚固的城墙

■ 南京明城墙台阶

夯筑 "夯"是指靠人力用工具将土或其他粒状材料一层层砸密实的建筑方法。"夯筑"是我国古代建造房屋基础、墙和台基时的主要技术。

攻城器械 用来越过城墙和城堡的其他防卫者,让攻击部队的优越兵力,可以在最小的伤亡情况下攻击防卫者。除了简单的云梯之外,中古时代最常被使用的攻城装备,包括抛石机、投石机、攻城塔、冲撞车和大盾牌等。

墙大规模采用砖石构造,逐步趋于完善的过程,与兵器的发展有着密切的联系。

南京明城墙的建造者们在无数次实战中,积累了丰富的经验。因此,南京明城墙在军事防御功能上,针对当时的攻城器械和火兵器,结合南京地区地形、地貌,无论在城墙的高度、厚度、基础、建材、城墙关键部位的设防,其城防建筑体系,都达到了我国城墙建筑较完美的程度。

南京地处雨水丰沛的江南,丘冈连绵,河湾如织,湖泊池塘星罗棋布。城墙择址的地段或山石嶙峋,或低洼松软,或平坦如砥。为防止高大的城墙下陷、开裂、倾倒,建造者根据工程的要求,采取了不同的科学处理方式。

有的顺山势而建,城墙与山体岩石连接成整体。有的深挖基础至原生土,上铺巨石为基,挖不到原生土的低洼地段，就打下10余米长的木桩，上面铺设圆木井字形木排，借以转嫁城墙压力。

用于南京城墙最大的条石，每块重达500余千克，城砖每块一般重10千克至20千克，层层叠叠垒砌成高12米至24米、底宽8米至27米、顶宽3米至18米的墙体，其重量可想而知。如此沉重的负荷，城墙依然屹立，与牢固的基础密不可分。

南京明城墙在砌筑中，对不同地段采取了不同质地墙体的处理方法和特殊的黏合材料。有的地段用石灰岩和花岗岩的条石作为城基、勒脚和部分城墙内外壁的主要材料，有的地段全部用城砖垒砌。

还有的地段以条石、城砖砌筑墙面，中间填以片石、城砖、黄土混合夯筑等。黏合墙体的材料十分坚固，以至留下了用糯米汁加石灰等灰浆建造的说法。

南京明城墙的防水、排水系统科学实用，功能包括城墙自身防水、排水和对城区的防水和排水两部分。

城墙填层上部，采用桐油、石灰、黄土拌合的灰浆封顶夯实，厚约2米，在其上面和沿墙体两侧直至墙根用灰浆砌筑多层城砖。墙体顶

■ 南京明城墙护城河

坚固的城墙

■ 南京明城墙

玄武 由龟和蛇组合成的一种灵物。玄武的本意就是玄冥，武、冥古音是相通的。玄，是黑的意思；冥，就是阴的意思。玄冥起初是对龟卜的形容：龟背是黑色的，龟卜就是请龟到冥间去诣问祖先，将答案带回来，以卜兆的形式显给世人们。因此说，最早的玄武就是乌龟。

面设置了石质排水明沟，在其明沟约50米距离设置石质出水槽将水排出墙体。

城区的防水和排水系统，主要是利用城墙底部设置的水关和涵闸。在秦淮河出入口处分别建有东水关和西水关，水关设有闸门三道，前后两道为木闸门，中间设铁栅门以防潜水入城之敌。

东水关内侧还设有33座瓮洞，分为三层，上面两层为藏兵洞，中洞可通船，下层通水。

此外，还设有金川河闸、玄武湖的"通心水坝"，即武庙闸、前湖的半山园闸与琵琶湖的琵琶闸等多处涵闸。这些涵闸，设有铜管、铁管和铜水闸，只能进水不可进人，设计巧妙，结构合理。

环绕南京明城墙的护城河，是南京明城墙的一个重要组成部分。护城河的水源，来自秦淮河、清溪、金川河以及玄武湖、前湖和琵琶湖等，经对城墙外侧河道疏浚、开挖，引导河水入濠而成。宽阔的护城河水面，衬映高大的南京城墙，使进犯之敌望而生畏。

明南京城门外护城河的桥梁，是人流车马往来的要道口，故大多以坚硬的石质材料为主要构件。例如石城门外的石城桥、三山门外的三山桥、聚宝门外的聚宝桥、通济门外的九龙桥、正阳门外的夔角桥、朝阳门外的平桥等。

明初建造在相关河道上的著名桥梁中，最大的石拱桥是上坊桥，即七桥瓮，由于这座桥是拱卫京城的门户，以至成为历代兵家的必争之地。

在明初建造的桥梁中，明初称为"大通桥"，民间又俗称"赛工桥"或"赛公桥"，后来又称为赛虹桥。桥梁与南京明城墙的建造，传说故事最多。

南京明城墙的建造，历经洪武一朝。在城墙的结构、瓮城的创新、护城河水源的利用、水关涵闸及桥

■ 南京明城墙遗址

坚固的城墙

■ 南京明城墙台阶

梁的设计等诸多方面，汇集了古代劳动人民的聪明和才智，是元末明初劳动人民用心血筑成的一座丰碑。

南京城墙在建筑上颇有特色，它不仅以格局奇特引人注目，而且其坚固的墙身，不规则的形状，以及高质量的城砖和城砖铭文等都显示了明代建设者的非凡智慧。

一是格局罕见的城都。我国历代君王建都，都习惯取用方形，明城墙却违背古制，呈不规则形，依山形地势而成。它利用南唐都城将南面和西面的城墙拓宽加高，并向东、西延伸，依山据水，转而合拢。

关于南京城墙的形状，有宝葫芦形、宫扇形、粽子形等说法，甚至还有人说像朱元璋的脸。

南京明城墙的整体布局为天象的"南斗星"与"北斗星"聚合形。因为北斗为七星，南斗为六星，所以南京有13个城门。

太微垣 三垣的上垣，位居于紫微垣之下的东北方，北斗之南。以五帝座为中枢，共含有20个星座，正星78颗，增星100颗。太微即政府的意思，星名亦多用官名命名，例如左执法即延尉，右执法即御史大夫等。

如宫城依紫微垣布局，紫微星是天帝所在，其后有华盖星，宫城最重要的上朝的奉天殿后也有华盖殿，宫城的金水走向和银河完全一致。

皇城依太微垣布局，太微垣主要由十星构成，皇城亦在御道两侧设吏、户、礼、兵、工五部和中、左、右、前、后五军都督府，端门星是太微垣南门，皇城亦同样设端门。

都城按天市垣布局，最典型的例子是刑部，刑部不和其他五部同在皇城内，而是和大理寺、都察院一起放在皇城以北的太平门外，对应天市垣的贯索星，即天牢。据《明太祖实录》记载，朱元璋说："我要夜观天象，如果有流星经过贯索星，就表明有冤案，我就要处罚你们。"

南京明城墙在南斗位置的建筑材料是青条石，而北斗位置却是城砖，城砖又被称为官砖，老百姓是不能随意买卖和使用的。

就连当时富甲一方的沈万三捐修的城墙也只是在南斗方位，也不能使用官砖。青条石和官砖的使用把北斗和南斗清楚地区分了出来，也把南京明城墙的格局清晰地展现在人们的面前。

二是坚固雄伟的墙身。南京城墙墙身分墙基、墙身、雉堞三个层次。大部分城墙都先用花岗岩或

铭文 又称金文、钟鼎文，指铸刻在青铜器物上的文字。与甲骨文同样为我国的一种古老文字，是华夏文明的瑰宝。本指古人在青铜礼器上加铸铭文以记铸造该器的原由、所纪念或祭祀的人物等，后来就泛指在各类器物上特意留下的记录该器物制作的时间、地点、工匠姓名、作坊名称等的文字。

■ 南京明城墙

■ 南京明城墙

雉堞 由垛墙和垛墙之间形成的垛口组成。雉堞一般为夯土所筑。明代以后，普遍开始在夯土的城墙外面包砖，此时的雉堞是砖砌而成。而石城的雉堞则是石砌而成。雉堞是城池防御体系中不可缺少的重要组成部分，但不同的城池在雉堞的结构上有所差别。

石灰岩的条石作基础，上面再用规整统一的巨砖垒砌内外两壁和顶部，内外壁之间常用碎砖、砾石和黄土层层夯实，许多重要地段则内外两壁从顶到底全部用大块条石砌筑，或两壁用条石砌筑，中间全用砖砌。

整个墙体取梯形堆砌，下宽上窄，以保持平衡稳定；城砖砌筑每层犬牙状接榫相咬，增加内部拉力；城墙基础底部，一般深入地面以下2米至5米，底脚宽于城墙两米，以保证城墙基牢固。

城墙顶部和内外两壁的砖缝里，都浇灌一种"夹浆"，即用石灰、糯米汁、高果汁或加桐油掺和而成的黏状体，这种"夹浆"凝固后黏着力很强，能保持墙身经久不坏。

城墙的墙顶用砖铺成地面并砌成雉堞，并安置石刻的泄水槽以排出雨水。墙基部分间隔设置排水洞，以排除城墙内侧的积水。

在城墙砌筑水平上，南京明城墙达到了我国古代筑城史的最高水平，墙体厚高且坚固，巍然屹立的明城墙一直守护着南京的主城区。

三是高质量的城砖。南京城墙所用巨砖，一般长0.4米，宽0.2米，厚0.1米，实物标本则有略大或略小于该尺寸的，这是制作中的误差。每块砖重为10千克至20千克。砖分瓷土砖和黄土砖两种，后者占绝大部分。

南京明城墙所用如此巨量的城砖，究竟依靠哪些区域烧制并提供？据考证，南京明城墙所用城砖，分别来自长江中下游的广袤地区，其中包括江苏、江西、安徽、湖南、湖北五省的府、州、县，以及军队卫、所和工部营缮司等近两千个单位承担组织人力制坯和烧造。

营缮司 官署名。明清两代设有营缮司，隶属工部。掌缮治皇家宫廷、陵寝、坛庙、宫府、城垣、仓库、廨宇、营房。司设郎中、员外郎、主事等官。

固若金汤

明清城墙

■ 南京明城墙高大的墙体

坚固的城墙

■ 南京明城墙城砖
上的铭文

秀才 别称茂才，
原指才之秀者，
始见于《管子·
小匡》。汉代以
来成荐举人才的
科目之一。亦曾
作为学校生员的
专称。读书人被
称为秀才始于明
清时代，但"秀
才"之名却源于
南北朝时期。其
实"秀才"原本
并非泛指读书
人，《礼记》称
才能秀异之士为
"秀士"，这是
"秀才"一词的
最早来源。最早有
秀才之称的，是西
汉初期的贾谊。

为了确保建造南京京师城墙的城砖烧造质量，朝廷要求各地府、州、县地方官员，军队卫、所的士卒，以及县以下里、甲的基层组织负责人，直至造砖人夫、烧砖窑匠均需在砖上留下姓名，以便验收时对不合格的城砖追究制砖人的责任。

这种严酷的制度，保证了南京明城墙建造过程中的高质量，城墙上的墙砖现在依然叩之清脆有声。

四是城砖铭文文化。南京明城墙，据初步估算共耗费了数亿块城砖。由于城砖来自各地，故其城砖材质的土性也呈多样性，如有黏土、沙土、高岭土等。

这些城砖大多数留有铭文，少则一字或一个符号、记号，多则70余字，这不仅是南京明城墙的一大特点，也是南京明城墙历史文化的重要组成部分。

南京城砖铭文的书写者，大体可分"书斋式"与"民间式"两类。前者属官府内的官吏文人、乡间秀才，也许只要没有写错，就不会有杀头之虑的缘故，其字体流畅工整，点、撇、钩、捺极具文人气息。

后者属于粗通文墨，甚至没用笔写过字的工匠，当砖坯出模后，只是拣了身边的一根小树枝，在砖的一侧小心翼翼留下所在县、甲以及自己的名字，稚拙的字体上透出几许村野之气。

城砖铭文的字体，篆体、隶体、魏体、楷体、行体各体皆备，蕴含着淡淡的金石味。其中有一种书体最具神韵，在我国书法字典上，也难找到它的归属，却一笔一画不扭不颤，那是来自民间的书法艺术。

从铭文技法上，又可分为模印、章印和刻画三种形式。其中，铭文的双线模印由于字体的笔画较细，故对制砖泥土的质量有较高的要求。

南京明城墙的城砖铭文，为后人留下了极其丰富

模印 先用一块印花模子，刻出基本花纹，趁陶模胎尚未全干时，用印模在上面打印出一个个花纹，一般都打印成规整的四方连续图案。在春秋中晚期和战国时期，盛行的蟠虺、蟠螭纹，都采用此法印铸。以后一直影响到两汉，汉代砖刻大多也应用模印法制作。

■ 南京明城墙下的树林

的文化信息和十分珍贵的历史资料，有些填补了史料的不足。为我国历史学家进一步研究南京城砖产地的分布，我国汉字在明初的简化字与异体字，我国民间的书法、篆刻艺术，我国姓氏文化在明初的演变以及明初实行的责任制等，提供了翔实的第一手资料。

通过对城砖铭文的研究，还能发现不少明以前烧制的城砖和一定数量明以后的为修葺城墙而烧制的清代城砖，为我们认识南京城墙的发展和变迁，提供了实物佐证。

明代南京城集我国古代城池建设之大成，其平面布局突破我国都城方正的传统，从军事防御出发，因地制宜，使城墙穿插在自然山水之间，雄伟、古朴，逶迤曲折，蜿蜒起伏，形似蛟龙，山水城林，相得益彰，是我国劳动人民智慧和血汗的结晶，是中华民族的伟大创造和骄傲，也是普天之下城池建筑史上的雄伟奇观。

阅读链接

在南京城墙中有一段百余丈长的城墙，传说这是朱元璋的一位宠臣负责督造的。这位大臣不把造城墙的事放在心上。眼看离最后期限只剩十来天，时间根本来不及了。

这位大臣急坏了，想出一个主意，用大毛竹把这百余丈地方搭成一个大栅栏，筑在城外一道宽阔的河边上。

完工的期限到了，朱元璋带着文武大臣从聚宝门一路巡查，由于河道太宽，谁都没有发现问题。大臣刘基还夸赞道："皇上，城外挖一道护城河，这个办法太好了！应该命令城外都挖，与这里连接，出入城门要过桥，岂不更加安全！"

朱元璋一时高兴，赏赐了那个宠臣。可事隔不久，事情败露，朱元璋大发雷霆，以欺君之罪杀了那宠臣等一帮人，重新补筑了那段城墙。

见证古老历史的西安城墙

　　西安，在西周时称为"丰镐"。丰镐是周文王和周武王分别修建的丰京和镐京的合称。

　　至西汉初年，刘邦定都关中，取当地长安乡之含意，立名"长

■西安城墙护城河

坚固的城墙

■ 西安城墙上的城楼

工部 我国古代的官署名。周代属冬官事，秦汉属少府。曹魏自少府分置水部曹，隶尚书台，掌水利工程，兼领航运之政。晋置屯田曹、起部曹，掌农垦和水利事业。隋朝时将前述诸曹合并置为部，掌管各项工程、工匠、屯田、水利、交通等事，沿用北周工部的名称，列为尚书省六部之一。

安"，意即长治久安。丝绸之路开通后，长安成为东方文明的中心。史称"西有罗马，东有长安"。

隋代，隋文帝杨坚曾被周明帝封为"大兴都公"，因而将长安命名为"大兴城"。

581年，隋文帝杨坚建立隋朝，并于第二年命著名建筑家宇文恺开始在龙首塬北麓修建大兴城。

大兴城规模庞大，结构严密，除环绕城市的外郭城城墙外，城内环绕宫城和皇城也筑有城墙，形成"城中有城"的格局。

唐王朝建立后，隋代的大兴城再次改名为长安城，并仍以那里为首都。

654年，唐高宗委派工部尚书闫玄德负责，在春秋两季，先后修建唐城外部城墙和东、西、南三面的9座城门及城楼。外部城墙周长36.7千米，其宽9米至12米，高5米多。

在这时，长安城全城面积84平方千米，规模宏大，布局严整，南北向大街11条，东西向大街14条，全城划分109个坊和东、西两市。

正如白居易所描述的：

百千家似围棋局，十二街如种菜畦。

唐长安城，成为当时普天之下最大的都城。

唐末，使长安城受到毁灭的，是朱温迫使唐昭宗迁都。朱温不仅让皇帝百官和士民百姓迁徙，还拆毁长安的宫室、百司及民间庐舍，拆下的木材都由渭河和黄河顺水而下，运到洛阳，使唐城沦为废墟。

之后，留守长安的佑国军节度使韩建出于军事防守需要，改建长安城，放弃了外郭城和宫城，把长安城缩小到皇城之内，以皇城城墙作为长安城的城墙，但对城墙并未扩大或改修。

以后历经五代的后唐、后晋、后汉、后周到宋、元两代，长安城的名称和建制虽屡有变换，但城墙规模却没有改变。直到元代时期，西安城称为奉元城，为西北边境的一座重镇。

■ 西安城墙和城楼

■ 西安城墙上的大道

坚固的城墙

1369年，明代大将军徐达率军从山西渡河入陕，占领奉元城。不久，明朝改奉元为西安府，意为"西方长治久安"，这就是西安得名的开始。

从此，拉开了明王朝在西安修筑城墙的序幕。

明太祖朱元璋非常重视西安的地位。在建都地点未确定以前，朝臣也多次建议利用关中形势建都西安。朱元璋特别派皇子巡视西安察看建都之事。后来，朱元璋又将次子朱樉封为秦王。

当时，明代的筑城风气非常盛行，现在保存下来的许多大中小城市的城墙大多是那时建造的，在民间尚流传着"汉冢唐塔猪（朱）打圈"的俗语。

由于西安在历史上的政治、军事地位极高，所以，明王朝在对全国广筑城墙的过程中，对西安城墙的修筑更为重视。

朱元璋任命长兴侯耿炳文和都指挥使璞英主持修筑西安城墙。从1370年至1378年，历经8年，西安城墙的修筑才全部竣工。

修好的西安城墙，高大坚固，西南两面城墙基本上和唐长安城皇城的范围相同。东北两面城墙分别向外扩移了13米。

这座城墙的外形是一座长方形，东墙长2590米，西墙长2631米，南墙长3441米，北墙长3241米，周长13千米多，墙高12米，顶宽12米至14米，底宽15米至18米。城墙四角各有角墙一座，城墙外有城壕。

城门有4座，东面长乐门，西面安定门，南面永宁门，北面安远门。每门城楼三重，闸楼、箭楼、正楼。正楼高32米，长40米，为歇山顶式，四角翘起，三层重檐，底层有回廊环绕，古色古香，巍峨壮观。

最初的西安城墙采用黄土夯打而成。在城墙墙基和墙顶还分别有一层厚0.8米和0.45米的三合土层。这种三合土用黄土与石灰、糯米汁、猕猴桃汁

歇山顶 即歇山式屋顶，我国古建筑屋顶式样之一。宋朝时称九脊殿、曹殿或厦两头造，清朝改称歇山顶。在规格上仅次于庑殿顶。由于其正脊两端到屋檐处中间折断了一次，分为垂脊和戗脊，好像"歇"了一歇，故名"歇山顶"。

029

固若金汤

明清城墙

■ 西安古城墙

铁蒺藜 我国古代一种军用的铁质尖刺的撒布障碍物，也称蒺藜。它有4根伸出的铁刺，长数寸，凡着地约有一刺朝上，刺尖如草本植物"蒺藜"，故名。在古代战争中，将铁蒺藜撒布在地，用以迟滞敌军行动。有的铁蒺藜中心有孔，可用绳串联，以便敷设和收取，我国在战国时期已使用铁蒺藜。

■西安古城楼

拌和而成。干燥之后，坚硬如石，用镐都刨不动。

整个西安城以城墙为主体，包括护城河、吊桥、城门、闸楼、箭楼、正楼、马面、敌楼、垛墙、角楼和马道等一系列军事设施，构成严密完整的冷兵器时代的防御体系，为古城的防护穿上了层层甲衣。

护城河也叫城壕，是第一道防线，它可以阻滞敌人进攻，甚至可以利用其有利地形消灭敌人。环绕西安城墙的护城河是通往西安城的第一道重要关口。

跨过护城河就是城门，而连接护城河与城门的唯一通道就是吊桥。吊桥的桥头两侧有铁环，贯以粗大的铁索与麻绳，系在闸楼上，用滑轮控制升降。

平时，守城士兵听从指挥，早晨降下吊桥，开启城门。晚上升起吊桥，断绝交通。一旦发生战争，吊桥升起，城门紧闭，城门就成为坚固封闭的战斗堡垒。

城门是城防体系的重点，也是薄弱点。平时，它是出入城镇的通道。战争时，又是攻守双方争夺的首要目标。因此，明代十分重视完善城门防御设施，尤其是采用了拱券式城门。

明代以前，城门沿袭砖门的过梁式结构。从军事角度看，这种城门的最大弱点是经

■西安明城墙

不起火攻。因此，城门上往往要设置水池以防敌人火攻，也因此留下"城门失火，殃及池鱼"的成语。

拱券式城门的出现从根本上解决了这个问题，一色青砖结构不仅使得城门更加坚固，而且可以有效地抵御火攻。

在古代，双方作战，当敌人跨过护城河时，城门却又拦住了去路。所以，在攻城的一方常有几个人扛着粗重的木桩前来撞门，要花费好长时间才能将城门撞开，而有时也可能撞不开。

明西安城的城门非常坚固，门扇用厚达0.2米的木板制成，一扇城门重达3200千克。门扇上下横匝着9道宽0.2米，厚0.2米的铁条用来加固，每两道铁条的间隔处，钉有180枚四棱攒顶的铁蘑菇针，整个门扇上共有1800枚铁蘑菇针。

这样密集的钉群，挤密了门扇的木材，增加了门扇刚度，使箭矢无法射入。有的城门还在门扇后的城门洞内，设置了拒马桩、陷马坑、铁蒺藜等，进一步阻挡敌人进攻。

西安城墙共有城门18座，除明代在东、西、南、北有长乐门、安定门、永宁门、安远门外，还有勿幕门、朱雀门、含光门、玉祥门、

坚固的城墙

飞檐 我国传统建筑檐部形式之一，多指屋檐特别是屋角的檐部向上翘起，如飞举之势，常用在亭、台、楼、阁、宫殿或庙宇等建筑的屋顶转角处，四角翘伸，形如飞鸟展翅，轻盈活泼，所以也常被称为飞檐翘角。其通过檐部上的这种特殊处理和创造，增添了建筑物向上的动感。

■ 西安城墙箭楼

中山门、尚德门、建国门、和平门、文昌门等，细数这些城门的名称来历，也从一个侧面反映了古城的沉浮盛衰。

为了提高城门防御的保险系数，城门实际上由三重组成，即闸楼、箭楼和正楼。

闸楼在最外，它的作用是升降吊桥，也叫"阙楼"或"谯楼"。象征门阙，兼用作打更。闸楼三面有城墙与主城墙相连，形成一个半月形的立体空间，叫"羊马城"。

敌人即使攻入闸楼城门，也好似进入瓮内，会受到来自四面居高临下的攻击，因此楼下这一空间也叫"瓮城"。

箭楼在正中，正面和两侧都有窗户，供射箭用。箭楼与箭楼之间用围墙连接起来的也叫"瓮城"，瓮

城内可屯兵。无论敌人进入第一瓮城还是第二瓮城，箭楼均可发挥攻击作用。

正楼在最里面，正楼上面的城楼是城门的主体建筑。城楼距地面高约32米，长43米，三重飞檐，四角高翘，回廊环绕，庄重稳健，是主将镇守指挥的所在。

城墙外侧，每隔120米有一个突出于城墙主体之外，宽20米，长12米的墩台，俗称"马面"。

■ 西安城墙和城墙上的箭楼

西安城墙上共有马面98座。之所以称为马面，据说是明代将城墙修筑的这种结构，形象地认为是由98匹马组成的军阵，98座墩台犹如昂首挺立的骏马，所以将马头的位置叫做马面。

马面上面的建筑就是敌楼，供士兵避风雨和储备物资。两个马面之间相距120米，正好形成一个立体交叉射击区域，也正是弓、弩、箭等古代远射程冷兵器的有效杀伤射程。而它的一面为60米，为"一箭之遥"。这样的布局便于从侧面射杀攻城的敌人。

城墙上外侧有矮雉，又称"垛墙"，整个西安城墙共有5984个矮雉。垛墙上有垛口和方孔，可供射箭和瞭望。内侧的矮墙称为"女儿墙"，墙高1米，没

弩 是古代的一种冷兵器，出现应不晚于商周时期，春秋时期弩成为一种常见的兵器。它是一种装有臂的弓，主要由弩臂、弩弓、弓弦和弩机等部分组成。虽然弩的装填时间比弓长很多，但是它比弓的射程更远，杀伤力更强，命中率更高，对使用者的要求也比较低，是古代一种大威力的远距离杀伤武器。

坚固的城墙

■ 西安城墙近景

中轴线 我国古代大型建筑群平面中统率全局的轴线称为"中轴线",我国是唯一在建造建筑物的时候讲求中轴线的国家,而且成就也最为突出。

《礼记》 我国古代一部重要的典章制度书籍。该书编定是西汉礼学家戴德和他的侄子戴圣。到唐代被列为"九经"之一,到宋代被列入"十三经"之中,为士者必读之书。

有垛口,它的作用是为了防止士兵行走时坠入墙下。

在西安城墙四角各有一座城楼叫"角楼",在这四个角楼中,唯独西南角的角楼是圆形的,其他三个角楼都是方形,这就又成了西安城墙的一大特色。那么,这是什么原因造成的呢?

一种说法是,西南城角处于地震带上,只要角台被人修成方形的,就会出现问题,最后没办法只能保留圆形。

另一种说法是,朱元璋自从接受"高筑墙,广积粮,缓称王"的建议,扫灭群雄,统一全国之后,深感"非深沟高垒,内储外备不能为安"。于是他令谋臣刘基和姚广孝主持设计城池的图样,以颁示天下如图修造。

刘基和姚广孝两人领命后,反复商讨,多次修改,最后按照传统形式画成矩形图案,不料朱元璋看罢觉得不妥,便说:"自古筑城虽有一定规矩,但根据我的经验,凡事切莫墨守成规。《礼记》云:'规矩试设,不可欺以方圆'。还是改动一下为好。"

说罢,便提起笔,将矩形图案一角抹去。于是,由皇帝御笔改动的城池图式诏示天下,据说明代所建之城大都遵照此式。

还有一种说法认为,当初规划西安城墙时,4个角均呈直角，但后来处理墙基时，于西南角意外地发现了古唐城遗址，遗址呈半圆形，为了省时省工，于是便利用了原地基。

这种说法听起来似乎有一定道理，但如果以小雁塔等唐代建筑物为坐标，结合唐长安城坊大小，街道宽窄，推算出西安城与唐长安城的位置毫无关系。

还有一种说法，我国传统建筑受八卦和风水影响，建筑物之间不能过于对称。如衙门、庙宇和居民住宅，前门不得与后门对称，前后门垂直中轴线必须错开一定距离。正是这种"不对称性"对建筑物的要求，决定了西安城墙的四个角必须有一个不是直角。

在箭楼与正楼形成的瓮城中，有同向城头的马道。缓上没有台阶，便于战马上下。全城共建有登城马道11处，登城马道底部道口的门是朱漆的，俗称"大红门"。

在战争期间，这里是调兵遣将的咽喉要道，必须保证畅通无阻。为防敌人奸细混入城墙守卫部队中，

八卦 起源于人文始祖伏羲，它表示事物自身变化的阴阳系统。用"—"代表阳，用"——"代表阴，用三个这样的符号，组成八种形式，叫作八卦。每一卦形代表一定的事物。乾代表天，坤代表地，坎代表水，离代表火，震代表雷，艮代表山，巽代表风，兑代表泽。

■ 西安城墙雾景

坚固的城墙

■ 西安古城墙

登城马道戒备严密，不许闲杂人等靠近逗留。等到军中禁夜炮响后，铁门便紧锁了。

此外，西安城墙的排水系统也是非常科学的，原城墙顶部外沿高而中间低，由两边外侧向中线倾斜6度，每隔40米至60米，在内侧开一排水口，水口下接一个附贴在内城墙上的竖排水槽，槽底吐水口下设滴水池。即使是下暴雨，雨水也能汇集于城头中线，并从水口沿水槽迅速排下。同时，城头地面向中线倾斜也具有安全感。

明代西安城墙曾是一个庞大而精密的军事防御体系，显示了我国古代劳动人民的聪明才智，它以悠久的历史、伟岸的雄姿、神秘的色彩吸引了八方游客，也为我国历史专家们研究明代的历史、军事和建筑等提供了不可多得的实物资料。

西安城墙自明代初年建成后，历代屡有修葺。1568年，陕西都指挥使张祉又为原来的城墙内外包砌了青砖。

巡抚 明清时地方军政大员之一，又称抚台，负责巡视各地的军政、民政大臣。清代巡抚主管一省军政、民政。以"巡行天下，抚军安民"而名。巡抚兼都察院右副都御史衔，从二品，加兵部侍郎衔，正二品。

1781年，陕西巡抚毕沅也对城墙进行了大规模补修。他指挥建设者沿旧城墙先围基石后灌脚，再用黄土逐层夯打，至顶部铺砌青砖，并对整个城墙外壁加厚砖面。城墙内每隔40米至60米，则用青砖砌筑水槽一道，排除城墙顶面雨水，这些对西安城墙的长期保护起了重要作用。

西安城墙自明代重建以来，由于经历了朝代更迭及战火的蹂躏，从清代起，城墙四周陆续辟券门、豁口多处。为了保护这座城墙，之后又完善了城墙上的排水系统，逐步恢复了敌楼和垛口。

引黑河水经曲江池和兴东湖入护城河，像一条银链围绕着城墙。护城河两岸植树后形成环城林带。花草遍布城墙之下，不仅为古城增添了无限风光，也让古城墙重新焕发了生机。

西安城墙蕴含着哲学、建筑、规划、风水、地理、军事等方面丰富的知识，包含着过去岁月的信息留存，是古老历史的活的见证。

阅读链接

关于西安城墙西南角的角楼是圆形的，其他三个角楼都是方形的原因，在当地还有一个传说。

相传在明代城墙修建之前，西安有位王姓老太太，满头白发，却一直都遭受儿子和儿媳的折磨，最终饿死在街头。

当地的父母官得知此事之后，就下令在西安城墙西南角台附近，将老太太的儿子和儿媳问斩，以儆效尤。大家认为两人无德不孝，方形代表着堂堂正正做人，所以在修建的时候并没有将此角楼改变为方形。

有第一城池美誉的襄阳城墙

襄阳古城墙位于汉江南岸，襄阳的中心。这里三面环水，一面靠山，是一座山清水秀，景色宜人的古城。

城西3.5千米处，万山北临汉水，南与顺安山相接，组成襄阳西部屏障。城南3.5千米处，则有岘山设险，组成南部屏障。城北则俯控汉水，与樊城夹江相望，互相联络声援。

襄阳依山傍水，互相联络，构成一个严密的防御体系。在襄阳城

■ 襄阳古城墙

池的外围，还有牛角堡和古城堡等众多的外围据点，有力地拱卫着襄阳城池，成为襄阳防御体系的第一道防线。

据史料记载，襄阳城墙始建于汉代，那时的城墙为夯土所砌，宋代开始使用城砖。南宋时期，襄阳地区硝烟四起，为了增强城墙的防御功能，又修建了瓮城、敌台、弩台等。

襄阳城墙在宋至元代时期发挥了重要的作用，在城池建设史上有一定影响。襄阳城墙自南宋时改为砖城，其东、南、西三面的护城河非常宽阔。汉水自东、北、西绕道南流，南部则是险峻的岘山山系。

其实，早在春秋战国时期，楚王问鼎中原之后，襄阳就成了楚国重要的军事关口北津戍。三国时期，荆州牧刘表将首府从江陵迁至襄阳。襄阳成为历代兵家必争之地，据史料记载，在襄阳发生的战争不下200次，很多战争的进程因为城墙而改变。

■ 襄阳古城墙和旁边的民居

问鼎中原 传说古代夏禹铸造九鼎，代表九州，作为国家权力的象征。夏、商、周三代以九鼎为传国重器，为得天下者所据有。问为询问，鼎是古代煮东西的器物，三足两耳。在上古时期鼎代表统治者的生杀大权。中原即为黄河中下游一带，指疆域或领土。问鼎中原被用来比喻企图夺取天下，和夺得了天下。

■ 襄阳夫人城

378年，前秦王苻坚为灭东晋独霸中原，命长子苻丕率领十几万大军，分四路围攻襄阳。襄阳守将朱序认为，襄阳城三面环水，一面依山，易守难攻，并且前秦的军队全是北方人，不善水战，不可能从汉水北岸的樊城渡江攻取襄阳，并不在意。

朱序的母亲韩夫人，早年跟随丈夫朱焘南征北战，行军布阵，样样精通。一天，韩夫人登城巡视，检查防御工事。她感到，敌人在东南面久攻不下，肯定会改变战术，避实就虚，从西北面进攻，而西北角一带防御薄弱，很容易被前秦军攻破。由于城中兵马不足，韩夫人便带领家婢和城中妇女修筑了高2丈、长20丈的内城。

果不其然，苻丕率兵直扑襄阳城西北角，韩夫人新建的内城成为东晋军坚守的屏障，最终保住了襄阳城。韩夫人巾帼不让须眉，筑城守护襄阳一方平安，后人为了纪念韩夫人，就将新修的这段城墙尊称为夫人城，并建亭、立碑和塑像。

襄阳北据汉沔，东连吴会，西通巴蜀。南宋抗金名将岳飞视襄阳为"恢复中原之根本"。清代著名学者顾祖禹在其《读史方舆纪要》一书中对襄阳、武昌、荆州三个重镇在湖广形势中的不同地位曾作过一番分析比较，结论为：

> 以天下言之，则重在襄阳；以东南言之，则重在武昌；
> 以湖广言之，则重在荆州……三郡相较，襄阳殆非武昌、荆
> 州之比也。

宋孝宗时，襄阳增修城池：

> 楼橹、雉堞委皆壮观，止其中炮台、慢道稀少，缓急敌
> 人并力攻城，缘道远，援兵难以策应。后又增筑炮台四座，
> 慢道十一条。

■ 襄阳古城墙一角

坚固的城墙

■ 襄阳护城河

火器 我国古代火药兵器的简称。包括火箭、火球、火枪、火炮、地雷等。我国是世界上创制和最早使用火器于战争的国家，我国古代兵器以冷兵器为主，火药的发明，在军事理念、军队编制等方面都产生了深刻影响。火药起源于我国古代的炼丹术，将火药用于兵器制造并投入实战，在我国约开始于唐代末年。

城池增修后便于城内军队迅速登城支援作战。从北宋的弩台发展到南宋的炮台，从一个侧面也反映了宋代城守战争中的火器发展与应用。

保存下来的城墙基本上是在明代建造的，外砌城砖，内用土夯筑。东、西、南、北城墙分别长2.2千米、1.6千米、1.4千米、2.4千米，城墙均高8.5米，宽5至15米。

共有6座城门，东门为"阳春"，南门为"文昌"，西门为"西成"，大北门为"拱宸"，小北门为"临汉"，东长门为"震华"，城门由明万历年间的知县万振孙题额。

除了6座城门之外，另有3座四方角楼，名为仲宣楼、狮子楼、魁星楼，其中两座角楼皆已颓圮，只在后来重建了仲宣楼。

在襄阳城中心处有鼓楼，又称昭明台，于南街设有谯楼，城内建筑相互呼应，构成一个完备的古代城池功能整体。

1625年，知县董上治再题额：东门为"保厘东郊"，南门为"化行南国"，西门为"西土好音"，北门为"北门锁钥"。整体上依然保留着古代城市的基本格局和双层防御体系。

1628年，都御史赵兆麟和檄副史苏宗贵重修西门城楼，知府冀如锡重建南门城楼，同知徐腾茂、张仲重修大北门、小北门城楼，知县董上治重建东门城楼。雍正年间，副史赵宏恩重建仲宣楼于城东南角。到了光绪时期，因久经风雨，城垣多处坍塌，知县吴耀斗领修。

总体而言，襄阳古城墙主要具有三大特点，都和水有关。

一是北面有三座城门连着汉江，直接作为码头使用。正是因为有着便利的水运交通，襄阳成为明清时期重要的货物集散地。

二是有普天之下最宽的护城河。我国从北至南，到了襄阳，地表水骤然丰沛。而只善陆战不善水战的北方民族，在历次南侵过程中，兵临军事重镇的襄阳城下，往往会望水兴叹。

聪明的襄阳人逐渐认识到水的城防功能，护城河在战争间隙一次又一次被拓宽和掘深。城高池深，成就了"铁打的襄阳"。

襄阳古城建筑

为了调节护城河的水位，开渠引檀溪水注入护城河，并且在渠首设闸门，由于此闸在放水时有呼呼的响声，百姓称此闸为"响水闸"，南堤上响水洞村就是以此而得名的。

同时，过去的人们在城的东北建泄水闸一座，护城河水大或下暴雨时，开闸放水泄入襄江。通过这两个闸的启闭，控制护城河的水位，使它相对稳定，城东北"闸口"的称呼，就是因此而得名。

三是襄阳城墙的东、南、西三面城门外还建有子城。子城四周环水，并且与护城河水连成一体。子城与主城门之间靠吊桥通行，扼住了进城的咽喉要道。

后代史学家对襄阳的军事战略地位有这样的总结：

> 襄阳为楚北大郡……代为重镇，故典午之东迁，赵宋之南渡，忠义之士，力争上游，必以襄阳为扼要；晋之平吴，元之伐宋，皆先取襄阳，为建瓴之势。

因城墙坚固，城高池深，易守难攻，使襄阳素有"铁打的襄阳"和"华夏第一城池"的美誉。

阅读链接

在襄阳城东南角的城墙之上的仲宣楼是为了纪念东汉末年的著名"建安七子"之一、才华横溢的诗人王粲而建造的。

据说就是在这里，王粲写出了他的代表作《登楼赋》。他因怀才不遇，郁郁不得志，这反而使他的文学才华得到了极好的发挥。

仲宣楼为双层重檐歇山顶，分城墙、城台和主体楼几部分。楼高17米，总面积650平方米。悬挂沈鹏等名家题写的"仲宣楼"等8副匾联，楼内还有壁画石刻"建安七子图"。

天下城门

　　城墙是农耕民族为应对战争，使用土木、砖石等材料，在都邑四周建起的用作防御的障碍性建筑，由墙体和附属设施构成封闭型区域。封闭区域内为城内，封闭区域外为城外。

　　城门，是古代城池四面八方之门，又称作水口。绝大多数城墙外围还有护城河。正对城门处设有可以随时起落的吊桥。吊桥一升起，进出城的通路便被截断。

　　人们进城出城，必须从城门经过。城门口还设有警卫，遇有紧急状态，则城门封闭，禁止通行。在冷兵器时代，攻城必需攻打城门，城门是重要的防御和守卫建筑。

拱卫京师的皇城内九城门

北京旧城共有"内九外七"16座城门，它们各自有不同的名字、用途和特征。

内九城门是指内城上的9座城门，按照顺时针方向，分别是东城墙上的东直门、朝阳门；南城墙上的崇文门、正阳门和宣武门；西城墙

■ 东直门老照片

上有阜成门和西直门；北城墙上的德胜门和安定门。

■ 东直门箭楼

东直门是位于北京城内城东垣北侧的一座城门，元大都建成后，忽必烈下令施工建造了东直门。主要包括东直门城楼、东直门箭楼、东直门闸楼和瓮城。

东直门的城门城台底基宽39.9米，底基厚28.8米，城台顶宽35.2米，顶进深22.9米，城台高11.5米。内侧券门高7.7米，宽6.3米，外侧券门高5.2米，宽5.3米，城台内侧左、右马道宽4.8米。

城楼连廊，面阔31.5米，连廊通进深15.3米，连城台通高34米。

瓮城为正方形，四隅均为直角，东西长62米，南北宽68米，瓮城南侧辟券门，券门上建闸楼，闸楼形制同朝阳门。瓮城西北角建关帝庙，瓮城门上有一单檐硬山式谯楼，其外侧墙体辟有两层箭孔。

城楼朱楹丹壁，面阔5间，进深1间，楼高34米。瓮城与城门相对之垣墙正中筑箭楼，其外侧面阔7间约32米，内侧庑座面阔5间约27米，通高30余米。

硬山式 常见古建筑屋顶的构造方式之一。屋面仅有前后两坡，左右两侧山墙与屋面相交，并将檩木梁全部封砌在山墙内，左右两端不挑出山墙之外的建筑叫硬山建筑。硬山建筑是古建筑中最普通的形式，无论住宅、园林、寺庙中都有大量的这类建筑。

　　楼前、左、右三面墙体各辟箭孔4层，共有箭孔80个。门额上镶嵌的"东直门"三字清晰可见。门洞券顶"五伏五券"的做法亦清晰可辨。凹凸不平的石路面，显示着岁月的沧桑。

　　1368年，明军徐达奉朱元璋的命令，占领元大都以后，对北京城进行改造，到1421年，明成祖朱棣又对北京城进行了改造，东直门变成了东北角的一个重要的交通位置。

　　清朝时南方的木材常常储存在东直门外，因此北京城所需的木材大多从东直门运进北京城，因此东直门又俗称"木门"。

　　清时于东直门外建水关，管理进京货物。清朝时在东直门设"春场"，每至立春时顺天府尹于此鞭"春牛""打春"。许多官仓也集中设在这里，缓缓流淌的坝河最后进入积水潭，另外一条的亚麻河通过东直门水关进入元大都，把粮食和货物都卸在崇文门地区。

东直门是当时北京9座城门中最贫的一个门，以郊外盆窑小贩，日用杂品占据瓮城为主，但瓮城庙中的药王雕像极为精细，时人称"东直雕像"。而且，古代的砖窑大多云集在东直门外，因此东直门不仅走拉木材车，还走拉砖瓦车。

朝阳门，元称齐化门，门内九仓之粮皆从此门运至，故瓮城门洞内刻有谷穗一束，逢京都填仓的节日，往来粮车络绎不绝。"朝阳谷穗"为南粮北运的第一位喜迎神。

在元代建成之初的齐化门与它的后世相比，不免显得简陋，仅有城楼，筑楼材质也仅为夯土而已。马可·波罗在他的游记中描述了与城门相连的城墙的形状：

域根厚十步，然愈高愈削，城头仅厚三步。

府尹　古代官名。北宋曾于京都开封设置府尹，以文臣充，专掌府事，位在尚书下、侍郎上，少尹二人佐之，然不常置。明代于应天、顺天，清代于顺天、奉天设置府尹，其佐官称府丞。顺天府尹是北京的治安与政务的最高行政长官。

■ 朝阳门城楼

■ 朝阳门箭楼

可见当时城墙的形状是比较明显的梯形。

朝阳门形制与崇文门略同，面阔5间，通宽31米，进深3间，通进深19米。楼连台通高32米；箭楼形制略与宣武门同，面阔7间，通宽32.5米，进深3间，通进深25米。

朝阳门在清代也曾多次被修缮，但城门形制仍未有太大特殊之处，唯一的特点就是宽度较其他城楼要宽大，各尺寸数据也较平则门略大。

由元至清的这段时间内，朝阳门一带是经济繁盛之地。北京城中，除"前三门"外，就以朝阳门关厢最为热闹。

朝阳门关厢的热闹主要得益于京杭大运河，早在隋代就已开通的这条运河，在元代依然发挥着巨大作用，成为连接北京与南方各省的一条重要交通命脉。

而朝阳门，正是离大运河北端重要码头，也就是通州码头最近的一个城门。通州码头在朝阳门正东20千米，那时离京南去的官员客商，或是由南来京朝

京杭大运河 古名"邗沟""运河"，是天下里程最长、工程最大、最古老的运河，与长城并称为我国古代的两项伟大工程。大运河南起余杭，北到涿郡，途经浙江、江苏、山东、河北四省及天津、北京两市，贯通海河、黄河、淮河、长江、钱塘江五大水系，全长约1794千米。

覩、经商的官员与客商，都要在朝阳门停。

因此，朝阳门下往来客商川流不息，一片车水马龙之景，各行各业的商人看到这巨大的商机，都争相在朝阳门关厢开设店铺。

更为重要的，这里是漕运粮食的必经之门，经大运河运达北京的南方粮米，在东便门或通州装车，通过朝阳门进城，储存在城内的各大粮仓中。

崇文门，元称文明门，俗称"哈德门""海岱门"。崇文门以瓮城左首镇海寺内镇海铁龟著名。"崇文铁龟"名遍响京都。

此外崇文门税关之苛也使外埠客商望门生畏。走酒车，城外是酒道，当年的美酒佳酿大多是从河北涿州等地运来，进北京自然要走南路。运酒的车先进了外城的左安门，再到崇文门上税。

元大都城是用土夯成的，下宽上窄，巍然屹立。开始建筑于1267年，完成于1276年，整整10个年头。因为是用土夯成的，于是产生了如何防止雨水冲刷城土的问题，后来用千户王庆瑞建议，"以苇排编，自下彻上"。

就是用苇帘子自下往上覆盖，像人穿蓑衣一样，简称苇城或蓑城，并在文明门外设立了阴场。

朝阳门旧景

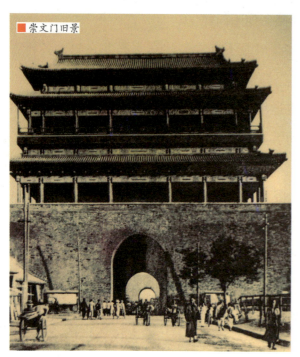
崇文门旧景

在当时，文明门又叫哈达门。《日下旧闻考》引《晰津志》说："哈达大王府在门内，因名之。"哈达大王为何许人，已不可考。

"哈达"又讹传谐音为"哈大""哈德"，一些文人墨客在写作时，认为"哈达""哈大"不够文雅，一方面利用它的谐音，一方面利用文明门在南城东端的地理位置，写成"海岱门"。

明代人蒋一葵写的《长安客话》说：

泰山、渤海俱都城东尽境，元时以"海岱"名门取此。

到了清乾隆时，杨从清著的《北京形势大略》又说崇文门：

曰海岱，言山陬海皆梯航纳贡，税课司在焉。

这只是从明人史玄《旧京遗事》上"京师九门，皆有课税，而统于崇文一司"一语而来。

由于崇文门有个总课税司，就把"海岱"解释为"山陬海耀"，不管对"海岱"两字的解释如何，明清的文人雅士，甚至最高统治者都往往不用"文明""崇文"而用"海岱"。

明燕王朱棣原来封在北京，登上皇位后，改年号为永乐，决定把首都由南京迁到北京。于是从1406年在元大都城的基础上，改建北京城，于1420年建成。

改建后的北京城，首先把元大都的南城城址，向南移了800米。同时把北城拆去，东西城也拆了一部分，另建了北城。

其次，把土城改为砖城。元大都的土城虽然披上"蓑衣"，但苇帘子终不能抵挡雨水，所以在元朝一代，部分"城崩"的事经常发生，只在忽必烈时代的短短30年内，就"城崩"8次。

每次修理，兴师动众，劳民伤财，所费不赀。明代改建的砖城也略呈梯形，下宽上窄，每行砖与每行砖之间，往上稍有凹进，以利雨水下流。

最后，把元大都的11门改为9门，南城3个门照旧，只把城门的名称改了，并将文明门改为崇文门，并一直沿用了下来。

到了1552年，嘉靖皇帝为防止北方少数民族入侵，计划在整个北京城外，再建筑一道外城，结果囿于财力、物力，只在南城外筑成一条东西狭长的城墙，即东起广渠门、西到广宁门的外城，又叫罗城。

■崇文门老照片

剪边 在我国古代部分建筑中，其屋面近檐处往往会有与上部不一样的色彩，比如屋面大部分是绿色，而屋檐处却有一道横的黄色带，这样的色彩就称作"剪边"。它是由于屋面使用了不同颜色的铺瓦而产生的效果，起到丰富屋面色彩的作用。

坚固的城墙

■ 老北京城正阳门景象

这样一来，昔日北京城最南面的崇文门，就成为内城。街道店铺，住户人家，出入此门的官吏商人，日益增多。

明末以来，崇文门外是比较热闹的，大小商贩，车水马龙。护城河水清滢，河上架有桥梁，河中游有画舫，两岸种着树木花草。绿柳迎风，红花邀月，秀丽非常。

正阳门箭楼始建于1439年的明代，建筑形式为砖砌堡垒式，城台高12米，门洞为五伏五券拱券式，开在城台正中，是内城九门中唯一箭楼开门洞的城门，专走龙车凤辇。

箭楼为重檐歇山顶、灰筒瓦绿琉璃剪边。上下共4层，东、南、西三面开箭窗94个，供对外射箭用。箭

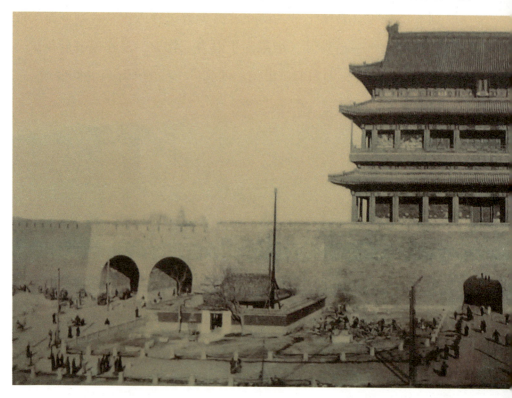

楼四阔7间，宽62米，北出抱厦5间，宽42米，楼高24米，门两重，前为吊落式闸门，后为对开铁叶大门。

明、清时正阳门城楼和箭楼之间，原有一个巨大的瓮城，南端呈弧形抹角，箭楼坐落在顶端，瓮城南北长108米，东西宽88米，内有空场，四向均有门。

1780年和1849年，箭楼曾两度失火被毁。后来，经过修缮，增加了平座护栏和箭窗的弧形遮檐，月墙断面增添西洋图案花饰。从此，正阳门箭楼一直是老北京的象征。

宣武门，元称顺承门。是在1419年在南拓北京南城墙时所修建的，沿称元"顺承门"之名。

后来，明朝政府又重建城楼，增建瓮城、箭楼和闸楼，历经4年之后，工程全部竣工。取张衡《东京赋》"武节是宣"，有"武烈宣扬"之义，改称"宣武门"。

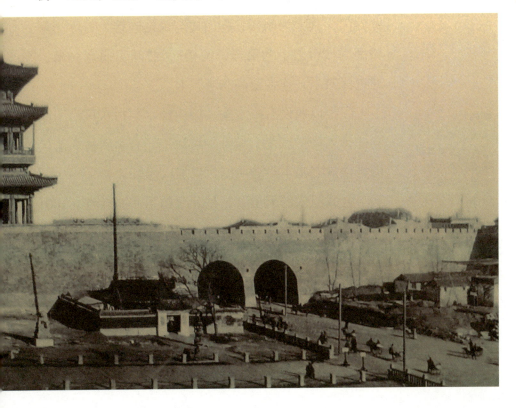

坚固的城墙

■ 老北京宣武门箭楼景象

琉璃瓦 据文献记载，琉璃一词产生于古印度语，随着佛教文化而东传，其原来的代表色实际上指蓝色。我国古代宝石中有一种琉璃属于七宝之一。现在除蓝色外，琉璃也包括红、黑、黄、绀蓝等色。施以各种颜色釉并在较高温度下烧成的上釉瓦因此被称为琉璃瓦。

宣武门城楼面阔5间，通宽32.6米，进深3间，通进深23米，楼连台通高33米，重楼重檐，歇山式灰筒瓦绿琉璃瓦剪边。

瓮城呈长方形，南北长83米，东西宽75米，西墙辟券门，其上为闸楼，将门楼与箭楼连接为一体。瓮城南墙城台之上为箭楼，箭楼面阔7间，通宽36米，通进深21米，连台通高30米。

门楼以西设有一水关，城内雨水与污水可沿明濠顺此排入南护城河。城外护城河上还有一石桥。清代的城楼规制基本沿袭明制，仅加以修葺。

宣武门内的天主堂，是北京的第一座教堂。1601年，意大利人利玛窦远涉重洋入北京传教，万历皇帝准其留京。数年间，利玛窦遍游京师，1605年择吉地，在宣武门内建"礼拜堂"。

当年的礼拜堂虽然宣扬基督教，但仍是我国传统建筑样式。后来，当时任职钦天监的德国人汤若望将礼拜堂改建成具有西洋风情的建筑样式，俗称"南堂"，为清代北京耶稣会人士的活动中心。

阜成门在元代初建成时名为平则门，与朝阳门东西两方遥遥相对，京西门头沟斋堂的煤车，多出入此门，故瓮城门洞内由煤栈客商募捐刻梅花一束记之。

"梅"与"煤"谐音，每当北风呼号，漫天皆白，烘炉四周之人皆赞："阜成梅花报暖春。"

阜成门位于北京内城的西垣南侧，1439年重修时改名为"阜成门"，为通往京西之门户，明清及后来很长时间，城内所需要的煤炭都是经由此门运入的。

明代在元大都城的基础上营建北京城，改11门为9门，其西城垣除北端缩短2.5千米并取消肃清门，南端展拓1千米外，其余基本未动，平则门亦沿袭旧称，之后又更名为阜成门，并修筑了城楼、城门、箭楼、瓮城、瓮城门各一，其规制较元大都城门为高。

■阜成门城楼

坚固的城墙

■ 老北京城门阜成门箭楼老照片

郭守敬（1231
－1316），字若
思。元朝的天文
学家、数学家、
水利专家和仪器
制造专家。郭守
敬修订的新历法
《授时历》，是
当时世界上最先
进的一种精良的
历法，通行360
多年。1981年，
为纪念郭守敬诞
辰750周年，国
际天文学会将月
球背面的一环形
山命名为"郭守
敬环形山"，将
小行星2012命名
为"郭守敬小
行星"。

城楼为三重檐歇式重楼建筑，台座呈梯形，连同
城楼通高35米。台座顶面铺设城砖，并与城垣顶面甬
道相连，其余箭楼、瓮城及瓮城门城楼的规划均类似
于西直门的建造。

城内道路亦改称阜成门街，街南侧有巡捕厅等机
构，而城外的官道则为通往西山的重要道路。清代北
京城垣规制多沿袭明代。

乾隆时期，曾对城门和箭楼等进行较大规模的维
修。阜成门是明、清两代自门头沟运煤进城的重要通
道，故有"煤门"之称。

西直门是在1267年元世祖忽必烈在金中都旧城东
北营建新城时开始建造的，在当时西直门被称为和
义门，是东直门的姐妹门，刘秉忠为西直门总设计
师，郭守敬负责水源方面的设计，按照《周礼·考工
记》中关于帝王之都的理想布局设计建造，历经18年

完成。

1358年冬天，元顺帝为防农民起义军攻城，下令赶筑包括和义门在内的11座城门的瓮城和城外护城河的吊桥。

1368年，徐达率大军攻占北京城，为了防止北元的反扑，曾命华云龙整修和义门及附近城墙，后来再次修缮后改名西直门。

1436年，明英宗命太监阮安等监修京师9门城楼，修建时利用和义门原有的门洞，将原瓮城压在新建的瓮城之下。到了清代，乾隆帝也对西直门的城楼和箭楼进行过修葺。

建成之后的西直门包括门楼、门洞、箭楼、瓮城和瓮城门各一，均采用山东临清烧制的特大城砖，是除正阳门外规模最大的一个城门。

西直门城楼台基底宽40.9米，城台顶进深24米，城台高10.7米，内侧券门高8.4米，外侧券门高6.3米。

刘秉忠（1216—1274），元代政治家和作家。初名侃，字仲晦，号藏春散人，邢州人。元世祖忽必烈即位前，注意物色人才，他与云海禅师一起入见，忽必烈把他留在了身边，商议军国大事。忽必烈即位后，国家典章制度，他都参与设计草定。拜光禄大夫太保，参领中书省事，改名秉忠。

攻防兼备

天下城门

■ 老北京城门西直门旧景

庙 达圣贤人去世后，都可以建造庙宇，像孔庙、二王庙等都是敬仰圣贤的地方。庙通"妙"，所以庙是妙法真如的地方。寺庙很庄严，庙内的每一寸土地都是不能随意更改的。

城台内侧左、右马道宽5米，城楼面阔5间，连廊面宽32米，进深3间，连廊通进深15.6米，城楼连城台通高32.7米。

瓮城连接城楼与箭楼，西北角设有瓮城庙。在瓮城南墙辟有一瓮城门。与城门方向成曲尺型，以利屏蔽城门。上方有一座单檐硬山谯楼有两层12个窗，又称瓮城门楼。城外护城河木桥改为石桥。

门楼通高34.4米，为3层飞檐歇山式建筑，柱、门、窗皆为朱红色，檐下的梁枋上饰以蓝、绿两色图案，顶部为绿色琉璃瓦，饰有望兽及脊兽。

在门楼台下部正中与城垣墙身垂直方向，辟有券顶式城门洞，因沿袭和义门之制，较内城其他门洞低。装有向内开启的城门一合，用锭铁固定。

城门正前方为一重檐歇山顶箭楼，西、南、北3

侧共有箭窗82孔。箭楼西侧面阔7间，内侧庑座面阔5间，通高30米，俯视呈"凸"型。

西直门城门为木质，有地堡式城楼3间，上设5孔水眼的水窝两个，可向城门灌水，以抵御火攻。

1894年，光绪皇帝下令修建了西直门至颐和园的石路，同时还修缮了西直门的城楼。后来，因为中日甲午战争的爆发，此次修缮被迫中断。

由于北京的水源地多位于北京玉泉山附近，因此，皇城中所需的御用水从玉泉山途经西直门运进北京，所以西直门又被称为"水门"。在西直门的瓮城门洞中有汉白玉水纹石刻一块，故有"西直水纹"一说。

1368年，大将军徐达攻入元大都，朱元璋诏令将元大都改为北平，随后将北垣西侧门"健德门"改为"德胜门"，并在北垣南五里新筑土城垣，作为防止元军反攻的第二道防线。

德胜门箭楼雄踞于12.6米高的城台之上，灰筒瓦绿剪边重檐歇山顶，面阔7间，后出抱厦5间，楼连台通高31.9米。对外的三面墙体上下共设四排

■ 老北京城门德胜门旧景

坚固的城墙

■ 老北京城门德胜门瓮城内景

碑碣 古人把长方形的刻石叫"碑"。把圆首形或形在方圆之间，上小下大的刻石，叫"碣"。秦始皇刻石纪功，大开树立碑碣的风气。东汉以来，碑碣渐多，有碑颂、碑记、又有墓碑，用以纪事颂德，碑的形制也有了一定的格式。后世碑碣名称往往混用。

箭窗，总计82孔。

1371年，废元大都北垣，将新筑北垣加宽加高，开两门，西侧门仍称"德胜门"。后来，又修建包括德胜门在内的内城9门的城楼、箭楼、角楼、桥闸。此后，德胜门历经修缮。

关于"德胜门"名字的来历，还有一番说法。

北方按星宿属玄武。玄武主刀兵，所以出兵打仗，一般从北门出城。之所以取名叫德胜门，意为"以德取胜""道德胜利"。

遇到战事自德胜门出兵，由安定门班师，分别取"旗开得胜"和"太平安定"之意。

德胜门是京师通往塞北的重要门户，素有"军门"之称。明代永乐皇帝北征、清代康熙皇帝平定噶尔丹叛乱、乾隆皇帝镇压大、小和卓叛乱都是出师德胜门。明清两代，德胜门正面迎击来自北方的军事入侵，是北京城最重要的城防阵地。

相传，1778年的那一年，天大旱颗粒无收，年末清高宗去明陵，至德胜门，时逢大雪纷飞，除去一年之暑气，高宗龙颜大悦作御诗立"祈雪"碑碣一通，有黄顶碑楼，碑之高大，令其他诸门的石刻难以比拟，故人称"德胜祈雪"。

在德胜门的东边城墙上还放着一尊炮，不过，这炮不是打仗用的，是报时用的。每日午时，德胜门和宣武门同时一声火炮，城内的老百姓听炮对时。

德胜门瓮城内的珍品，要数立在中间的一座碑亭。亭中矗立着一座高大石碑，镌有1797年，乾隆帝62岁时的御制诗。这位当时的太上皇回忆往昔的峥嵘岁月，在"德胜"两字上很是抒发了一回豪情。

德胜门地区还有一处与北京息息相关的"生命

石刻 泛指镌刻有文字、图案的碑碣等石制品或摩崖石壁。在书法领域，也有把镌刻后，原来无意作为书法流传的称为"石刻"，一般不表书者姓名，三国六朝以前多为；而有意作为书法流传的称为"刻石"，隋唐以后多为，通常标刻书者姓名。我国古代匠师们运用各种技法创造出众多风格各异的石刻艺术品。

■ 老北京城门安定门景象

线"。沿着护城河向东200米，在城墙的下方有一水道连接着护城河与城内的水系，水道的城内出口处正好在积水潭小庙的下方。

多少年来，通过这一水道，城外西山和玉泉山的甘泉源源不断地流入城内，滋润养育着京都的众多百姓和权贵。

安定门在元代时称为安贞门，为出兵征战得胜而归的收兵之门，京都9门中有8门瓮城内建筑关帝庙，唯安定门内建真武庙，在诸门中独具一格，"安定真武"在诸门中颇有独特风格。清朝在北京实行的是旗、民分城的制度。

内城以皇城为中心，由八旗分立四角八方。两黄旗居北。镶黄旗驻安定门内，正黄旗驻德胜门内。两白旗居东。镶白旗驻朝阳门内，正白旗驻东直门内。两红旗居西。镶红旗驻阜成门内，正红旗驻西直门内。两蓝旗居南。镶蓝旗驻宣武门内，正蓝旗驻崇文门内。

阅读链接

既然安定门是为出兵征战得胜而归收兵之门，那么安定门走什么车呢？

有人说，是兵车回城时走安定门，寓意出兵得胜，收兵自然也就是寓意安定了。

还有一种说法是，清朝的八旗精兵全部都扎营在安定门，所以回城兵走这里。实际上压根儿就不是那么回事儿，哪儿用得着收兵全走安定门啊！

实际上，安定门走的是粪车，因为以前地坛附近是北京主要的粪场。之所以说乘兵车回城，其实是一种名称的雅化。

北京外七城门和皇城四门

    北京的外七城门是指东城墙上的7座城门，分别是广渠门、广安门、左安门、右安门、东便门、西便门和永定门。

    广渠门是北京外城城墙东侧唯一的城门，曾称大通桥门，又称沙窝门。广渠门是老北京城门中比较简朴的一个，建于1555年的明代嘉靖年间，主要包括广渠门城楼、箭楼和瓮城，与北京外城西侧广安门相对称。

■广渠门旧景

■ 广渠门老城楼

店铺 即商店，是坐商进行贸易活动的场所。唐朝封演《封氏闻见记》中记载："至京邑城市，多开店铺。"由此可见，陕西省早在1000多年前，就已经习用"店铺"一词。如今，民间习惯称大者为"店"，小者为"铺"。另外，旅舍也叫作"店"，旧时称住旅舍的行为为"住店"。店铺的营业场所，叫作"店面""铺面"。

关于广渠门名称的由来有两种说法：

一种是根据"广"的释义，推测"广渠"的意思应是宽广的大渠，可能寓意着"通畅顺达"。

二是"广"和"渠"都有"大"的意思，是同义词，因此"广渠门"可能是当时北京城规模宏大的一座城门，所以才取了"广渠门"的名字。

广渠门门楼低矮，仅一层，廊面阔5间，单檐歇山顶，四周有回廊。瓮城呈弧形。箭楼为单檐歇山顶，正面及两侧各辟箭窗二层，正面每层7孔，两侧每层各3孔，共26孔，箭楼下开拱形门洞。

广渠门的瓮城很有特点，一般城池的瓮城作为战备要地，里面没有建筑物和居民，而广渠门的瓮城里面有几家店铺。

在瓮城里面两侧各有四五家店铺，形成一条小型商业街，很像一座微型小城。

路南有一家中药铺、一家纸店，还有一家山货店。四周均是城墙，前边有箭楼的城门，后边有城楼的城门，城门关闭后，异常幽静。

广安门为外城唯一向西开的门，与广渠门相对。城楼形制一如内城，重檐歇山三滴水楼阁式建筑，灰筒瓦绿琉璃瓦剪边顶，面阔3间通宽13.8米；进深1间，通进深6米；高17.6米；楼连城台通高26米。

瓮城呈方形，两外角为圆弧形，东西长34米，南北宽39米，瓮城墙基宽7米、顶宽6米。箭楼为单檐歇山式灰筒瓦顶，面阔3间宽13米，进深1间6.6米，高7.8米，连城台通高16.6米。

南、东、西三面各辟箭窗二层，南面每层7孔，东西每层3孔。北侧楼门为过木式方门系冰月楼下城台正中对着城楼门洞辟一券洞门。

广安门，明代称广宁门，清道光年间为避清宣宗

山货 刚开始一般是指生长在山上，野生的没经过人工培植或养殖的可食用的动植物，比如野菜、野果、菌类、山鸡、野兔等等。后来引申到从农村带到城市里来的一些土特产。

■ 广安门旧城楼

坚固的城墙

■ 广安门旧景

旻宁之名讳改为彰义门。规制与广渠门相同，1766年以该门为南方各省进京的主要通路，所以提高城门的规格，仿永定门城楼加以改建。

当年在外城，有着两条用石板铺砌的道路，一条是连通永定门与正阳门，为皇帝去天坛和先农坛祭祀而铺设的御道。

另外一条则是由城外通往广安门的道路。由于辽南京城、金中都城的城址都在广安门地区，所以自古广安门大街便是外省进出的门户。

由于广安门是各省陆路进京的必经之路，因此广安门内的彰仪门大街在清代是比较繁华的，有"一进彰仪门，银子碰倒人"的说法。

雍正年间，因为皇帝打算在河北修建皇陵，雍正帝下令从广安门到宛平城修筑石板路。广安门到小井村的路段长5千米，共花费白银八万两，平均每尺长的道路用去白银五两三钱三分，因此有"一尺道路五两三"的说法。这条道路的修通对广安门地区的发展起到很好的促进作用。

路修好了，交通的便利也为外城增添了生机和活力。那时广安门外最常看见的景象，就是"拉骆驼跑城儿"。

左安门是北京外城南侧3个城门之一，位于永定

先农坛 先农，远古称帝社、王社，至汉时始称先农。春时东耕于藉田，魏时，先农为国六神之一。藉天祭先农，唐前为帝社，祭坛曰藉田坛，垂拱年后改为先农坛。至此祭祀先农正式定为封建社会的一种礼制，每年开春，皇帝亲领文武百官行藉田礼于先农坛。

门东面。城楼为单层单檐歇山式，灰筒瓦顶。面阔3间，通宽16米，进深1间，通进深9米，高6.5米，楼连城台通高15米。瓮城呈半圆形，东西宽23米，南北长29米。

箭楼为单歇山小式，灰筒瓦顶，面阔3间宽13米，进深1间宽6米，高7.1米，楼连城台通高16.6米。其南侧面辟两层箭窗，每层7孔。东西侧面亦辟两层箭窗，每层3孔侧面正中辟过木方门。

这座偏远的东垣城门建于1553年，也就是北京外城建成的时间。这里的路，南至西南城角，北接开阔田野，地里一部分种粮食和蔬菜，一部分长满芦苇。

据《北京街巷图志》中记载，同样是城市干道，在南城，右安门内的道路相对于左安门内的更加笔直、宽阔，其原因在于右安门内的道路在辽金时代是城市干道。

左安门一带则一直是个村野，其内的道路在明嘉靖年间修筑外城时才得以形成，只是因为当时没有经过很好的规划，故而道路的形状保存了乡野气息。

说起左安门，不能不提一下萧太后河。

澶渊之盟后，宋辽相和，辽便在北京东郊

069

攻防兼备

天下城门

■ 左安门城楼

■ 右安门城楼旧景

转运使 古代官名。唐代以后各王朝主管运输事务的中央或地方官职。首见于唐。714年置水陆转运使，掌洛阳、长安间食粮运输事务。代宗后，常由宰相兼领，有时与盐铁使并为一职，称盐铁转运使，并于诸道分置巡院，五代废巡院。元、明有都转运盐使，清有都转盐运使，专管盐务。

开萧太后河，所以早在左安门建立之前，这条河便存在了。

在这条河未断流之前，这一带居民多以行船或打渔为生，后来河道淤塞才改为务农。

辽出于政治和军事需要开凿的这条河为北京东南郊的发展发挥了不小作用。这条河改善了水路交通，促成这个地区商业的迅猛发展，为了适应经济发展、加强运输事业管理，辽甚至专门设"转运使"一职。

而东垣一带本就属地势低洼的易涝区，故开凿后不仅用以运输，而且利于农业生产，使河两岸农业年年丰收。

但这条河最显赫的贡献无疑是促进了东垣地区的百业俱兴，为北京逐渐成为首都打下了坚实的基础。如果没有这条河，那么后来的左安门地区可能又是另外的一番景象了。

右安门又名"南西门"，原是北京外城的七门之一，于1562年建成。古时候北京右安门的命名不是根据"左西右东"的属性，而是从内廷也就是紫禁城的角度来测定的方位。

因此，位于故宫西南边的门叫作右安门，而东南边的门就叫作左安门了。它体现着君临天下的大一统观念。

右安门原是一门一楼。右安门城楼为单层单檐歇山式，瓮城呈半圆形，箭楼为单檐歇山小式，其南侧面辟两层箭窗，每层7孔，东西侧面亦辟两层箭窗，每层3孔，侧面正中辟过木方门。

右安门是北京外城南城墙三门中最西边的一个。右安门由于正对内城的宣武门，在建成之初叫作"宣武外门"，后才改称右安门。右安门位于宣武、丰台交界处，是北京城南地区的一个重要交通中心。

东便门是北京外城东南端的一座小城门，位于北京城墙东南端角楼旁边，东便门是北京保存下来的城门之一，主要由城楼和箭楼组成。

1564年，嘉靖皇帝为了防御蒙古骑兵进攻，增强北京城的防卫，保障北京城的安全，就下令修筑了包围南郊一面的外城，在外城的最东端修建了东便门。

■ 东便门城楼

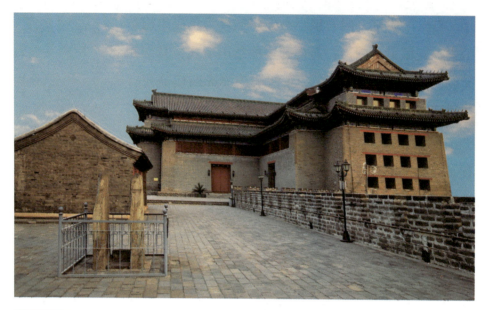

■ 东便门箭楼

拱券顶 一种建筑结构。简称拱，或券，又称券洞、法圈、法券。它除了具有良好的承重特性外，还起着装饰美化的作用。我国拱券砌筑技术用于地上建筑始于魏晋用砖砌佛塔。筒拱东汉时已用于拱桥，宋代用于城墙水门，南宋后期用于城门洞，明初出现用筒拱建的房屋，上加瓦屋顶，这种房屋俗称"无梁殿"。

在当时的形势下，统治者最强烈的愿望是安宁，安宁压倒一切。

东便门城楼为单层单檐歇山小式，灰筒瓦顶，四面开过木方门，无窗。面阔3间宽11.2米，进深1间深5.5米，高5.2米。其城台正中辟过木方门，楼连城台通高12.2米。

瓮城为半圆形，东西宽27.5米，南北长15.5米，单层单檐硬山小式，灰筒瓦顶，南背面辟过木方门，东西北三面辟箭窗，每面各两层，北面每层4孔，东西面每层2孔。

面阔3间宽9米，进深1间深4.6米，高4.7米。其城台正中辟门，外侧为拱券顶，内侧为过木方门，楼连城台通高10.5米。

北京城东南角楼为明、清两代北京内城东南转角处的箭楼，简称角楼。原北京有内外城之分，内城建筑较早，为明代在元大都的基础上改建的。据明代的

《英宗实录》记载：

正统四年四月丙午，修造京师门楼、城壕、桥闸完。城四隅立角楼。角楼始建于明正统元年，四年竣工。

东便门角楼建于突出城墙外缘的方形台座上，通高29米，四面开箭窗144个。角楼内立金柱20根，整座楼建筑面积为793平方米。加之相连的南城墙，总占地面积约3654平方米。

关于东便门名称的由来有两种说法：

一种是取其直意，便于南北方向的出入和为了工程简便，而不是大兴土木。

二是东便门的位置偏居北京城的东侧，并且是内城和外城的结合部位。因此，这座城门可因其所处位置，用"偏"来命名，称为"东偏门"。但由于"便"和"偏"的发音相近，时间一长就把"东偏

■西便门角楼旧景

攻防兼备

天下城门

■ 西便门箭楼

坚固的城墙

垛口 古代城墙上呈凹凸形的短墙。一般从墙上地坪开始砌至人体胸腹部高度时，再开始砌筑垛口。垛口一般砌筑成矩形。垛口上部砌有一个小方洞即瞭望洞。瞭望洞的左右侧面砖呈内外八字形，这是为了便于瞭望敌人，又不易被敌箭射中。下部砌有一个小方洞，是张弓发箭的射孔。射孔底面向下倾，便于向城下射击敌人。

门"读作"东便门"了。

西便门是北京外城西南角城门，位于北京城墙西南端角楼旁边，主要由城楼、箭楼、瓮城组成。

1564年，因蒙古骑兵数次南侵，加之城外关厢居民日渐增多，在京城四周修筑外城。

后因财力不济，只修了环抱南郊的一段，设永定门等5门，使京师城垣呈"凸"字形。后与外城东北、西北两隅与内城连接处附近各辟一朝北的城门，规制较简陋，门楼通高仅11米，分别称东便门、西便门。

后来，嘉靖皇帝又下令补修了外城及其7门，西便门增筑径长31米的半圆形瓮城，加固其东侧内外城连接处的城墙垛口，疏浚城门外的护城河道，同时在城门以东修筑一座3孔水门，使玉泉山水在附近顺利分流注入通惠河。清代又在瓮城上修筑宽9米、高4.7米的小型箭楼。

西便门城楼通高10.5米，其他形制、尺寸均与东便门相同。为单层单歇山小式，灰筒瓦顶，四面开方门，无窗。面阔3间宽11.2米，进深1间深5.5米，高5.2米。其城台正中辟过木方门，楼连城台通高11.2米。瓮城为半圆形，东西宽30米，南北长7.5米。

箭楼为单层单檐硬山小式，灰筒瓦顶，南背面辟过木方门，东西北三面辟箭窗，每面各二层，北面每层4孔，东西面每层2孔。面阔3间宽9米，进深1间深4.6米，高4.7米，其城台正中辟门，外侧为拱券顶，内侧为过木方门连城台通高10.5米，门楼通高仅11米。

永定门位于左安门和右安门中，是老北京外城7座城门中最大的一座，也是从南部出入京城的要道。永定门始建于明嘉靖时期，共跨越了明、清两代。

1403年，正值明代的永乐元年，在南京称帝的永乐皇帝朱棣下令将自己做燕王时的封地北平升格为"北京"。

1406年，朱棣下令在北京兴建皇宫，整修城墙，预备迁都。后来为扩展皇宫前方的空间，将原在长安街一线的南面城墙南移1千米，在正阳门一线重建。

1421年的元旦，朱棣宣布正式迁都至北京。这时的北京城，平面轮廓呈正方形，只有9座城门。城市中轴线南起正阳门，贯穿皇宫，北抵钟楼。

永定门旧景

坚固的城墙

■ 永定门城楼远景图

三滴水 滴水是古建筑瓦作术语名称，俗称滴子，筒板瓦屋面瓦件之一。底瓦垄的檐头瓦，比普通板瓦多一个如意形"滴唇"，以防止雨水回流。三滴水是指古建筑三层檐屋顶形式建筑的名称。

脊兽 我国古代建筑屋顶的屋脊上所安放的兽件。它们按类别分为跑兽、垂兽、"仙人"及鸱吻，合称"脊兽"。其中正脊上安放吻兽或望兽，垂脊上安放垂兽，戗脊上安放戗兽，另在屋脊边缘处安放仙人走兽。

明初国势强盛，永乐皇帝对蒙古部族采取攻势，曾5次率军北征，问题尚不凸显。

后来明代的实力衰落，多次被蒙古军队兵临城下，至嘉靖年间，遂有官员建议在北京城外围增建一圈周长约40千米的外城，以策安全。因资金不足，在严嵩的建议下改变了设计方案。

1564年北京外城建成之后，正门命名为"永定门"，寓意"永远安定"。但是在当时只是修建了城门楼，后来又补建了瓮城。

永定门城楼的形制一如内城，重檐歇山三滴水楼阁式建筑，灰筒瓦绿琉璃瓦剪边顶，面阔5间，通宽24米。进深3间，通进深10.50米，楼连台通高34.04米。瓮城呈方形，两外角为圆弧形，东西宽42米，南北长36米，瓮城墙顶宽6米。

箭楼规制与城楼差距较大，不大协调。为单檐歇山式灰筒瓦顶，面阔3间，宽12.8米，进深1间6.7米，高8米，连城台通高15.8米。南、东、西三面各辟箭窗二层，南面每层7孔，东西每层3孔，北侧楼门为过木式方门，箭楼下城台正中对首城楼门洞辟一券洞门。

永定门上面的石匾是仿明代石匾原样雕制的。1644年，清朝建都北京后，曾将各城门上用汉文题写的明代匾额撤下，改用满、汉两种文字题写的匾额。

明代原配的永定门石匾长2米，高0.78米，厚0.28米，楷书的"永定门"三字沉雄苍劲，保存完好，是明嘉靖时期始建永定门时的原件。在后来的永定门门洞上方所嵌石匾的"永定门"三字，就是仿照这块石匾雕刻的。

直到1750年，永定门增建箭楼，重建瓮城。1766年，乾隆皇帝下令对永定门城楼进行重修，加高城台和城楼层顶，采用重檐歇山三滴水的楼阁式建筑，使用灰筒瓦、绿剪边，装饰以琉璃瓦脊兽。

此时永定门已成外城之最大城门又增建了箭楼，增建外城起因是为了加强北京防卫，至此，永定门工程才算全部完成。

后来，永定门城楼又重修过一次，并提高了其规制，加高城台、城楼层顶，采用了重檐歇山三滴水楼阁式建筑，并装饰了琉璃瓦脊兽，以雄伟姿态矗立于北京城中轴线的最南端。

楷书　也叫正楷、真书、正书。从隶书逐渐演变而来，更趋简化，字形由扁改方，笔画中简省了汉隶的波势，横平竖直。《辞海》解释说它"形体方正，笔画平直，可作楷模"。故名楷书。始于汉末。楷书的特点在于规矩整齐，是字体中的楷模。

■ 北京永定门城楼

■ 天安门城楼

坚固的城墙

牌楼 与牌坊类似，中国传统建筑之一。最早见于周朝，最初用于旌表节孝的纪念物，后来在园林、寺观、宫苑、陵墓和街道均有建造，北京是中国牌楼最多的城市。旧时牌楼主要有木、石、木石、砖木、琉璃几种，多设于要道口。牌楼曾作为多届世博会中国馆的门面建筑，吸引了世人的视线。

皇城四门指的是天安门、地安门、东安门和西安门，这四扇门是为城里的文武百官进出宫廷用的。

天安门始建于1417年，历时3年之后才完成。最初建成的时候仅是一座三层五间式的木结构牌楼，名字叫做"承天门"，取"承天启运""受命于天"之意。

1457年牌楼毁于雷火，8年后的1465年重建为面阔5间、进深3间的门楼。

1644年，李自成率军入北京，承天门再次被毁。

1651年在废墟上进行了大规模改建，重修为一座城楼，名字也改成"天安门"，取"受命于天，安邦治国"之意。

1688年，康熙皇帝下令对天安门进行了大规模的修缮，基本保持了1651年改建的形制，天安门比原来高了83厘米，通高34.7米。

天安门造型典雅，是我国传统建筑艺术的代表作。它的主体建筑分为上下两层，上层是重檐歇山式，黄琉璃瓦顶的巍峨城楼，东西面阔9楹，南北进深5间，取"九五"之数，象征皇帝的尊严。

正面有36扇菱花格式的门窗。城楼基座周围有汉白玉栏杆、栏板，雕刻着莲花宝瓶图案。城楼内所用木材大部分是楠木，60根红漆巨柱排列整齐，柱顶上有藻井与梁枋，绘着金龙吉祥彩画和团龙图案。地面铺的全是金砖，面积约2000平方米。屋顶的正脊与垂脊上装饰着螭吻、仙人、走兽。

下层是高13米的朱红色城台，四周环绕琉璃瓦封顶的矮墙，下部是1.6米高的雕刻精美的汉白玉须弥座台基。城台的总面积达4800平方米，东西两侧各有一条长达百级供上下城楼用的梯道，俗称马道。

还有5个拱形门洞，中间的门洞最大，高8.82米，宽5.25米，只有皇帝才可以从这里出入。

城楼前有外金水河，河上飞架7座汉白玉雕栏石桥，中间一座最宽阔的称"御路桥"。专为皇帝而设，御路桥两旁有宗室亲王过往的"王公桥"，王公

■ 天安门

藻井 我国传统建筑中室内顶棚的独特装饰部分。一般做成向上隆起的井状，有方形、多边形或圆形凹面，周围饰以各种花藻井纹、雕刻和彩绘。多用在宫殿、寺庙中的宝座、佛坛上方最重要部位。古人穴居时，常在穴洞顶部开洞以纳光、通风、上下出入。出现房屋后，仍保留这一形式。其外形像个凹进的井，"井"加上藻文饰样，所以称为"藻井"。

华表 华表是古代宫殿、陵墓等大型建筑物前面做装饰用的巨大石柱，是我国一种传统的建筑形式，是我国一种标志性建筑，已经成为中国的象征之一。相传华表既有道路标志的作用，又有为过路行人留言的作用。华表是中华民族的传统建筑物，有着悠久的历史。相传在原始社会的尧舜时代就出现了。

桥左右的"品级桥"是供三品以上的官员行走的，四品以下的官员和兵弁、夫役只能走"公生桥"。公生桥架在太庙和社稷坛门前。

5座内金水桥除有类似严格的等级规定外，还表示"万方来朝"之意。金水河两岸有两对威风凛凛的石狮及两座连同须弥座高为9.57米的华表。石狮是明代永乐年间原物。

华表上满刻着盘龙与云朵，巨柱顶端加上了云板、承露盘并蹲坐着石兽，此兽有注视皇帝出入之意，因而人们把前华表上的两只背北面南的石兽叫"望君归"，把后华表上的两只背南面北的石兽称"望君出"。

明清时期，天安门至大清门之间的千步廊形成占地几万平方米的T形宫廷广场，其东、西两侧还各

设一门，东为长安左门、西为长安右门，朝廷主要的机构六部及各院即设在此处，可以说这里是朝廷统治机构的中枢。

当时，皇帝们一般都在天安门颁布重要诏令，称为"金凤颁诏"。每逢有新皇帝登基和大婚等重大庆典活动和皇帝父母进宫，都要启用天安门。

皇帝平时一般不走天安门。只有每年去祭天、祭地、祭五谷时，才由此门出入。

另外，皇帝御驾亲征或大将出征，都得在天安门前祭路、祭旗，以求成功凯旋，同时显示威风。天安门还是"金殿传胪"的场所。每逢殿试后的两天，皇帝召见、传呼新中进士们的姓名，这叫"传胪"。

考中前三名的状元、榜眼、探花插上金花，身披红绸，骑马游街，以谢皇恩。天安门唯独皇帝可以出

殿试 为宋、元、明、清时期科举考试之一。又称"御试""廷试"和"廷对"，即指皇帝亲自出题考试。会试中选者始得参与。目的是对会试合格区别等第。明清殿试后分为三甲：一甲三名赐进士及第，通称状元、榜眼、探花；二甲赐进士出身，第一名通称传胪；三甲赐同进士出身。

■ 天安门全景

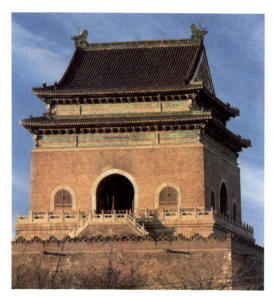

坚固的城墙

■ 地安门的钟楼

入,而且只有喜事才能出入。

地安门是北京中轴线上的标志性建筑之一,是皇城的北门,天安门则是皇城南门。南北互相对应,寓意天地平安,风调雨顺。

地安门位于皇城北垣正中,南对景山,北对鼓楼,始建于1420年的明代永乐年间,1503年重修,1652年,顺治皇帝下令重建此门,并易名为地安门。

地安门为砖木结构的宫门式建筑,面阔7间,中明间及两次间为通道,明间宽7米,两次间各宽5.4米,四梢间各宽4.8米,总面阔38米。

正中设朱红大门三门,左右各两梢间为值房。门内大道两侧有米粮库、油漆作、花炮作等机构。地安门内左右两侧各有燕翅楼一座,为二层楼,原为内务府满、蒙、汉上三旗的公署。

据记载,地安门在历史上曾经发挥过重要作用。因为地安门是皇城的北门,皇帝北上出征巡视时大多要出地安门,亲祭地坛诸神时也出地安门。

这个时候的地安门为禁地,普通百姓是不得随便出入的。清朝推崇古制前朝后市,地安门商贸活动比较活跃,市场繁荣。

早年,地安门外竖有一通石碑,上书"官员人等,至此下马"。如果有谁跃马扬鞭而过,则被视为欺君之罪。

在当时，地安门内还设置有许多为皇家服务的衙门，诸如尚衣监、司设监、司礼监、酒醋局、织染局、针工局、巾帽局、火药局、司苑局，还有钟鼓司、供用库、蜡库、帘子库、兵器库、皮房、纸房和安乐堂等。

东安门是清朝北京皇城的东门，是皇城的4个大门之一，东皇城墙始建于1420年，原在玉河以西，河在墙外，1432年东移，将玉河包入墙内。墙为南北走向，正对紫禁城东华门设东安门，为七间三门黄琉璃单檐歇山顶。

门内为跨玉河之石拱桥，因官员们上朝陛见，皆由东安门进宫，所以俗称此桥为望恩桥或皇恩桥。桥西原为永乐时之东安门，宣德时改为三座门式，通称东安里门。望恩桥上砌有障墙，将两门连为一体。

相传，东安门上的门钉并非我国传统建筑规制中的九九八十一颗，而是八行九列共七十二颗，这究竟

■古建筑东安门

■ 午门城楼

是为什么呢？

在当时，人们普遍认为"9"是阳数的极数，因而被称为极阳数。超过9，只是零的增加，因此古代常以"9"来突出帝王之位的崇高和神圣。

旧时传说紫禁城中的房屋为9999间半，重要的大殿面阔9间，角楼的建筑结构九梁十八柱，七十二道脊，外东路南侧的九龙壁，皇宫大门的门钉依建筑等级规定为纵横各九路等，都是这方面的体现。当然，9999间半房屋这个数字并不确切，只是个传说而已。

紫禁城4个城门中，午门、神武门、西华门的门钉均为纵九横九，只有东华门门钉为纵九横八。

对此，就引发出了许多解释。一种认为清朝从顺治帝到隆裕太后，帝后逝世，都是从东华门送殡，进东华门迎灵，按人死为鬼的说法，所以又将东华门称为"鬼门"和"阴门"。

清代从东华门出灵的原因，据说是明末思宗朱由检在李自成进攻北京时，就是从此门逃到煤山自杀的，后来他的灵柩又停在东华门外数日，无人埋葬。

因此，清入关后就认为东华门是个很不吉利的门，于是决定由此门出灵枢，并将门钉减至阴数72个，即为纵九横八。

还有一种观点认为，东华门门钉纵九横八的格局自明代起就是这样的，并非到了清代才有改变。事实上，东华门门钉的设计与古代的堪舆理论有关，是古人文化心理在紫禁城设计中，采取的逢凶化吉和趋吉避凶的体现。

西安门始建于1417年，与北京皇城的大明门、天安门和地安门在同一条直线上，而东安门和西安门则不在同一条直线上，东安门同紫禁城东华门相对，西安门同紫禁城西华门不相对。

明代的紫禁城西面有西苑、太液池和金元时期建造的苑囿，其中有大片的水面，所以自西华门无法向西直线行进，只好在皇城西墙中段偏北处设西安门，由北海与中海间的陆地通道通行。

西安门没有城台，门基是青白石，红墙，单檐歇山黄琉璃瓦顶。西安门面阔7间，进深3间。中间的明间以及左、右次间为门，各有一对红漆金钉门扇，左、右稍间及末间为值房。

阅读链接

北京皇城还有其他四座大门，分别是大明门、端门、东三座门和西三座门。大明门为砖石结构宫门式建筑，基础为汉白玉须弥座，单檐歇山顶黄琉璃瓦，面阔五楹，正中辟三门阙，汉白玉门槛。

1644年清顺治元年改名为大清门。门上镶嵌汉白玉石匾，上有青金石琢磨的"大清门"三字，背面为"大明门"三字。

端门规制与天安门相同，端门可以算作午门的外门，相当于周礼天子五门之制里的雉门或库门。

东三座门，又称长安左门，规制与大明门相似。明清殿试后在此门外发榜，因此又称"青龙门"或"龙门"。西三座门，又称长安右门，规制与大明门相似。明清时在此门内的西千步廊勾决死刑犯人，因此又被称为"白虎门"或"虎门"。

古城南京御敌屏障的中华门

南京位于长江下游，历史悠久，有着6000多年文明史、近2600年建城史和近500年的建都史。

它是我国的四大古都之一，有"六朝古都"和"十朝都会"之

■南京玄武门

■ 南京中华门

称，是中华文明的重要发祥地，而矗立在南京的座座城门，无疑是这种历史的最佳见证者。

玄武是我国传统文化中的四象之一，根据五行学说，它是代表北方的灵兽，形象是黑色的龟与蛇合体，故玄武也俗称为"龟蛇"。

而玄武门则是古城南京的一处古城门。南京城，是明太祖朱元璋定都南京时开始修筑的，历时21年建成。明南京城周长33.6千米，城高平均12米，宽10米至18米。城墙以条石砌基，巨砖砌身，城砖用优质黏土和白瓷土烧成，每块重10千克至20千克。

砖上还印有制砖府县和烧砖人的姓名和烧制日期。以糯米浆拌石灰做黏合剂，非常坚固。虽经岁月的风吹雨打，但仍然完好地保留了下来。

南京全城共有13座城门、13600个垛口、200多个堡垒。规模最宏大的是正南方向的聚宝门。

1366年，明太祖朱元璋下令修筑京师应天府内城

五行　五行指：金、木、水、火、土，认为大自然都是由五行构成的，随着五行的兴衰，大自然发生变化，从而使宇宙万物循环，影响人的命运，是由于我国古代对于世界的认识不足而造成的。如果说阴阳是一种古代的对立统一学说，则五行可以说是一种原始的普通系统论。

坚固的城墙

城墙，其中最南边的城门，是在南唐都城南门的故址上重建的。

据《明史》记载，应天府城墙最南端的南门，因为根基不牢，屡次建造、屡次坍塌，反复几次后，有谋士建议把明代初年吴县富翁沈万三的宝物聚宝盆埋压在城门基础土层下面，这样城门基础就不会下陷了，城门就能建造完成。

明太祖朱元璋采纳了谋士的建议，下诏强行征收了沈万三的聚宝盆，并将沈万三的聚宝盆埋压在城门的建筑基址下面，有了聚宝盆的扶助，城墙根基不再下陷，随后中华门内瓮城城门楼被建造了起来，所以这座城门被明代朝廷命名为"聚宝门"。

明代初年，在建造聚宝门的时候，朝廷为保证城墙砖的质量，采取了严密的检验制度，每块砖上都在侧面印有制砖工匠和监造官员姓名，一旦发现不合格

■中华门和卫兵塑像

制品，立即追究责任，这是普天之下首次采用的质量追踪制度。

因为有严密质量追踪制度，并能够严格的加以执行，所以应天府内城墙包括聚宝门城墙砖的质地非常过硬，尽管经历了朝代更迭，聚宝门依然保存完好。

后来，人们将聚宝门更名为中华门。中华门东西宽118.5米，南北长128米，占地面积15168平方米。共设3道瓮城，由4道券门贯通，首道城门高21.45米，各门均有可以上下启动的千斤闸和双扇木门。

瓮城上下设有藏兵洞13个，左右马道下设藏兵洞14个，可在战时贮备军需物资和埋伏士兵。中华门瓮城的东西两侧筑有宽11.5米、长86.1米的马道，马道陡峻壮阔，是战时运送军需物资登城的快道，将军亦可策马直登城头。

中华门设置有3道瓮城和4道券门，主体建筑内瓮城由中华门主楼城门和2至4道辅助城门构成，各城门原有双扇木门和可上下启动的千斤闸，后来被毁坏。中华门主体建筑两侧建筑有27个藏兵洞，可以同时屯兵3000余人并储藏士兵所需生活物资。

中华门主楼即第一道城门分上、中、下三层，高21.4米，上层原建有庑殿式重檐筒瓦顶的敌楼。中层为砖石结构，朝内一排设置7个藏兵洞，下层结构中

■ 南京中华门内瓮城

将军 春秋时代以卿统军，故称卿为将军，一军之帅也称将军。宋、元、明三朝，多以将军为武散官，殿廷武士也称将军。明清两代，有战事出征，置大将军和将军，战争结束则免。清朝，将军为宗室爵号之一，驻防各地的军事长官也称将军。

间为瓮城甬道，两侧各有3个藏兵洞。

中华门2至4道辅助城门为二层结构，上面有木质城楼，下层为砖石结构。

中华门城门主楼和辅助城门楼以及两边连接的瓮城城墙共同构造了中华门内瓮城的主体建筑，中华门内瓮城的主体建筑。东西宽118.5米，南北长128米，占地面积约1.5万平方米。

中华门的城墙砖，烧制技术的难度掌控是相当大的，城砖的制作由京师工部、京师驻军及长江中下游的湖南、湖北、江西、京师四地共125个县承担，京师应天府以外制作的城墙砖烧成后由长江水路运送到京师，用来保证京师城墙建筑材料的供给。

中华门内瓮城这种藏军设施，在古代冷兵器战争中具有十分重要的作用。遇有敌人强攻时，可将敌兵放进城门欲擒故纵，然后关起各道城门，把敌军截为三段，分别歼灭。

又因为中华门的瓮城在城墙内侧，所以这座宏伟的城门楼也被称为"中华门内瓮城"。

阅读链接

在南京，还有很多城门，汉中门就是其中的一个。汉中门建于南唐，是六朝古都南京现存历史最悠久的城门，是南京保存相对完好的瓮城之一，也是南京丰厚文化积淀的一个缩影。

汉西门为五代杨吴天在915年所建金陵府城的大西门，即南唐建都后为江宁府城的大西门，并沿用至宋、元。

1336年明太祖朱元璋扩建应天府，在此基础上加筑瓮城，改称石城门，后称汉西门。

此门座东朝西，东西深121米，南北宽122米，占地近1.5万平方米，由两道瓮城，三通城门组成。后来，又在汉西门的北侧另辟一门，称为汉中门，石城门至瓮城城门呈中轴对称，是古代特有的东西轴线，历史文化氛围十分浓重。